Paganismo irlandés

Desvelando las prácticas paganas y el druidismo en Irlanda junto con la brujería galesa y la espiritualidad celta

Su regalo gratuito

¡Gracias por descargar este libro! Si desea aprender más acerca de varios temas de espiritualidad, entonces únase a la comunidad de Mari Silva y obtenga el MP3 de meditación guiada para despertar su tercer ojo. Este MP3 de meditación guiada está diseñado para abrir y fortalecer el tercer ojo para que pueda experimentar un estado superior de conciencia.

https://livetolearn.lpages.co/mari-silva-third-eye-meditation-mp3-spanish/

Tabla de contenidos

Introducción

El paganismo irlandés goza de una larga y rica historia, originada en las antiguas religiones celtas y con numerosos cambios a lo largo de los siglos. En la era moderna, cada vez más personas con raíces paganas irlandesas han decidido explorar su legado, y con razón. Las prácticas paganas basadas en la espiritualidad resultan útiles en tiempos de necesidad, sea cual sea esta. Aprender sobre el ciclo universal del nacimiento, la muerte y el renacimiento y aventurarse en diferentes reinos de la naturaleza le guiará en todos los aspectos de la vida.

En medio de todos los avances tecnológicos y las inciertas expectativas de la sociedad moderna, perderse no es inusual. Los límites cambian todo el tiempo y usted no tiene ningún control sobre ellos. La respuesta a todos estos problemas está en descubrir su yo espiritual. La magia(k) pagana irlandesa moderna incorpora elementos de varios sistemas de creencias, por lo que aprovechar su sabiduría le permite encontrar partes de sí mismo.

Aparte de los aspectos históricos, este libro explora las diferencias entre las creencias espirituales y las prácticas mágicas(k) irlandesas y galesas. A pesar de tener las mismas raíces, estos dos caminos del paganismo tienen diferencias muy notables. Se desvelarán muchos secretos, desde cómo se veía la brujería en las dos regiones hasta las diferentes ramas que han desarrollado ambas culturas.

Según la tradición pagana irlandesa, llevamos a nuestros antepasados en la sangre, lo que nos permite comunicarnos con ellos siempre que necesitemos su guía. El atractivo innato de esta cultura reúne a comunidades enteras durante las fiestas de la Rueda del Año de las Brujas. La elección de convertirse en un practicante solitario o realizar hechizos y rituales con personas afines debe ser siempre personal. Sin embargo, se obtienen muchos beneficios al pertenecer a una comunidad pagana irlandesa.

En el paganismo irlandés, el viaje entre mundos también es posible. Sin embargo, adquirir esta habilidad requiere mucho tiempo y esfuerzo. Este conocimiento fundamental le enseñará muchas cosas sobre usted y su magia(k). Los druidas, los paganos e incluso los wiccanos lo han hecho durante demasiados años para contarlos. Ahora, usted también puede hacerlo. Todo lo que hace falta es desvelar los secretos de sus prácticas, y podrá comenzar su viaje mágico pagano. Se le proporciona una guía práctica de sencillas herramientas mágicas y hechizos que puede aprovechar. Incluso las personas sin mucha práctica en la exploración de su espiritualidad pueden aprovechar estas herramientas.

Esta práctica le permite elegir a sus guías espirituales, le indica cómo acercarse a ellos e incluso el método para recibir sus mensajes. Todo depende de sus herramientas y de cómo las emplee durante sus hechizos y rituales. Cuando esté versado en las partes fundamentales de su oficio, estará listo para hacer crecer su poder aún más, incorporando más y más de sus antecedentes y creencias y desarrollando su práctica mágica única.

Capítulo 1: ¿Qué es el paganismo irlandés?

El paganismo celta es una religión típicamente antigua con prácticas y conjuntos de creencias diversificadas. Los pueblos que se adhirieron al paganismo son ampliamente conocidos como celtas que provienen de los periodos romano y de la Tène. La Edad de Hierro británica e irlandesa tuvo mucha importancia para los celtas insulares. Los registros más antiguos del paganismo celta fueron redactados por escritores romanos, cuyas tendencias personales hostiles dieron un matiz particular a los registros históricos. El paganismo irlandés pertenece a una categoría más amplia de religiones politeístas, y aunque había muchas variaciones cronológicas y geográficas entre los detalles más finos, también había muchas similitudes estructurales.

Un vistazo a la historia

Al hojear los manuscritos históricos, descubrirá que alrededor del año 500 a. C., los celtas invadieron Irlanda. En esencia, los celtas eran paganos practicantes y llevaron a Irlanda creencias y rituales paganos.

Las prácticas religiosas cristianas y otras abrahámicas estaban en su apogeo durante la Edad Media, y las antiguas prácticas religiosas paganas celtas estaban casi extinguidas. Sin embargo, la religión celta seguía viva en el refugio irlandés durante esta época, pero las fuentes y los registros escritos existían en forma de poemas, generalmente escritos por los monasterios cristianos.

Estos historiadores desconocían principalmente la esencia del paganismo. Por ello, los seres divinos aparecían como personajes y héroes en los registros en lugar de las deidades paganas. Uno de los ejemplos más significativos de los registros irlandeses es el de los Tuatha Dé Danann, representados simplemente como una antigua tribu humana. La creencia celta era que los dioses descansaban en las estrellas y adoraban las variaciones estacionales. Sin embargo, como núcleo de la religión pagana, eran libres de elegir un dios y sentirse unidos al universo y a la naturaleza.

La vida pagana de los antiguos irlandeses

Durante la época del paganismo en Irlanda, a los irlandeses se les enseñaba predominantemente la religión druídica. Los druidas eran los miembros más poderosos y altamente educados de la sociedad antigua, con un inmenso poder sobre los demás. Eran los únicos predicadores y maestros disponibles y estaban encargados de impartir conocimientos a los hijos de los reyes o jefes.

Los druidas eran consejeros de la corte real y la gente acudía a ellos en busca de consejo sobre asuntos importantes. Según los registros e informes históricos, tenían inmensos poderes mágicos, capaces de levantar una niebla mágica con la capacidad de ocultar cosas específicas.

También se creía que poseían otras propiedades mágicas, como la manipulación de los atributos estacionales y del mundo natural. Varios relatos del folklore irlandés hablan de poderes ejemplares similares exhibidos por estos paganos irlandeses. Aunque los paganos estaban muy extendidos por toda Irlanda, la ciudad de Tara era una excepción. La gran mayoría de los paganos irlandeses habitaban en Tara porque era la morada de los reyes mayores, y la prueba de que las raíces paganas eran profundas en el corazón de Irlanda durante la antigüedad.

Los dioses paganos dominantes

Aunque la información sobre los dioses paganos es mínima, ya que los relatos sobre esos dioses nunca fueron documentados por los antiguos celtas. Sin embargo, el espíritu del paganismo y sus rituales o creencias sobrevivieron a través del folklore y algunos registros históricos. Para comprender mejor la mitología celta, es esencial conocer los intrigantes detalles y las grandes conexiones con sus dioses y diosas. A continuación, se comentan algunas de las divinidades paganas dominantes honradas por el pueblo de Irlanda.

- **Morrigan, la diosa de la guerra**

Se cree que Morrigan es la reina fantasma, traducida a la reina de los demonios. El mero hecho de pensar en Morrigan le llena a uno de asombro y curiosidad. Los antiguos celtas creían que sobrevolaba los campos de batalla en forma de cuervo y que poseía la capacidad de predecir el resultado de la batalla. Según el folklore, la deidad Dagda salió victoriosa en una de sus batallas más importantes gracias a ella.

- **Angus, el dios de la juventud y el amor**

El dios asociado al valle cercano al río Boyne es Angus. Era hijo del dios Dagda y de la diosa Boann. Boann era la diosa del río Boyne, y por eso Angus, también conocido como Angus, está relacionado con este río y el valle. Era excepcionalmente guapo y se creía que era el dios del amor y la juventud, capaz de evocar el amor en los demás, y tenía cuatro pájaros que lo rodeaban en todo momento. Su vida giraba en torno a la búsqueda de una bella doncella.

- **El dios pagano Danu**

Danu tenía varios nombres desde Europa Oriental hasta Irlanda, considerada la diosa madre de la tierra, y conocida como Dana y Anu. Según la creencia popular pagana, Danu es la que amamantaba a los dioses. Quizá por estos atributos, también se la conocía como la diosa de la fertilidad y la sabiduría. En la tradición irlandesa, se la considera una deidad muy hábil en la magia. La tradición pagana irlandesa también suponía que Dagda era su padre; sin embargo, esta historia tiene varias versiones.

• El buen dios pagano Dagda

Dagda era un gigante de estatura y con una barba larga y rebelde. Conocido popularmente como el dios bueno, Dagda era una deidad celta y era considerado el jefe de los Tuatha Dé Danann irlandeses. Siempre aparecía como una figura paternal, aparentemente alegre y contenta. Sus superpoderes eran únicos y no los poseían otros dioses y diosas, ya que podía dar la vida y la muerte. También se le asociaba con la provisión de alimentos interminables y también se le conoce como el dios de la agricultura. Sus hijos fueron Angus Mac y Brigid de Boann y Morrigan, respectivamente. Dagda poseía vastas habilidades y conocimientos y se le consideraba dominante sobre otros dioses. Podía controlar las estaciones y proporcionaba alimentos interminables con la ayuda de su caldero.

• El dios pagano Cúchulainn

Cúchulainn se llamaba originalmente Setanta, también conocido como el Sabueso del Ulster. Mató al perro designado para vigilar a Cullen y, tras este acto, fue rebautizado como Cúchulainn. La gente creía que podía vencer a la muerte, ya que fue valiente en muchas batallas, y por eso rechazó el regalo de inmortalidad de Morrigan. No lo consideró un favor porque ya había derrotado a la muerte varias veces. Morrigan, que planeaba sobre las batallas como un cuervo, visitó a Cúchulainn cuando este murió en el campo de batalla.

• La temible diosa pagana Brigid

Como ya se ha mencionado, Brigid era la hija de Dagda y uno de los dioses más famosos de la Irlanda precristiana. Se la consideraba equivalente a la diosa romana Minerva. Brigid tenía tres poderes y atributos centrales: el fuego de la forja, el fuego del hogar y el fuego de la inspiración. Se la conocía, con razón, como la diosa triple, que poseía diversas habilidades y atributos.

• El cornudo, Cernunnos

Como su nombre indica, se le consideraba uno de los dioses más honrados por los celtas, con muy pocas asociaciones de su tipo y relacionado con los animales salvajes. Aparte de los animales salvajes, también se le relacionaba con la riqueza y la fertilidad. No todos los dioses de la familia celta están inmensamente representados a través del arte, pero Cernunnos era una excepción y la razón por la que era fácilmente identificable y un dios popular en el arte antiguo celta.

- **Arawn, el dios del inframundo**

Dios del inframundo o de los muertos es famoso por la oscuridad, el miedo y su manto. También era conocido como el guardián de las almas perdidas y un dios virtuoso. Representaba la guerra, el miedo y el terror. Su mayor rival era Hafgan, que deseaba el puesto de dios del inframundo o del otro mundo. Se cree que Arawn cambió su puesto por el de Pwyll y derrotó a Hagan. Arawn recompensó a Pwyll por este acto de valentía con cerdos.

- **Abandinus, el defensor del agua**

De todos los dioses antiguos de los celtas, se dispone de muy poca información sobre Abandinus. Abandinus era el defensor de las aguas o los mares. La mayoría de la gente asocia a este dios con la inscripción de Cambridgeshire, Inglaterra.

Estas prominentes deidades paganas eran bastante populares en Irlanda, y se pensaba que los dioses y diosas pertenecían a la tribu sagrada de las deidades. Esta tribu de dioses y diosas, conocida como los Tuatha Dé Danann, se consideraba la principal tribu de diosas y dioses irlandeses. La traducción literal significa "hijos de la diosa Danu". Esta tribu en particular se originó en las islas occidentales y tenía los poderes más mágicos, y la razón por la que se establecieron en Irlanda durante tanto tiempo.

Creencias principales del paganismo irlandés

Las creencias del paganismo irlandés son muy humanas y accesibles, llenas de amabilidad y de una abundancia de misteriosa energía cálida que conduce a un gran confort. La creencia principal del paganismo irlandés gira en torno al amor por la naturaleza y la tierra, la armonía general y la unidad de la comunidad humana. También hace mucho hincapié en la unión con el universo.

A diferencia de las religiones abrahámicas predominantes, el paganismo irlandés era una religión de espíritu libre defendida por las creencias en varios dioses. Se animaba a los creyentes paganos a asociar sus interpretaciones subjetivas con las deidades. El paganismo defiende con orgullo tres principios básicos que mantienen a los creyentes unidos a través de un hilo conductor.

1. El primer principio se refiere al parentesco y al amor a la naturaleza y a los demás.

2. El segundo principio trata de la moral positiva y aboga por vivir la vida a su manera siempre que no se haga daño a nadie.

3. El tercer principio admite y reconoce lo divino (lo femenino y lo masculino). Para comprender mejor la creencia irlandesa, lo mejor es hablar de ella desde los registros antiguos e históricos y desde la perspectiva moderna (que tiene que ver más con la espiritualidad neopagana).

Creencias paganas irlandesas de la era antigua

Uno de los recursos más destacados a los que se suele hacer referencia en la literatura son los escritos y registros de César sobre el druidismo galo a la rica cultura de Irlanda. Sin embargo, puede que no sea la representación más exacta de lo que ocurrió durante el reino pagano irlandés.

Curiosamente, Irlanda siempre acogió las tradiciones y la cultura de los invasores y las combinaba con la cultura existente. El resultado es una interesante y hermosa mezcla de culturas que creó una curiosa sinfonía cultural. Algunas de las creencias paganas irlandesas fundamentales incluían el concepto de "renacimiento", que giraba en torno a la idea de la continuación de la vida en diferentes ciclos de nacimiento y muerte.

El sistema de creencias del paganismo irlandés significa la importancia de la responsabilidad, la honestidad, la lealtad y la justicia, porque sin estos atributos, un individuo no puede ser un buen ser humano. Este concepto es uno de los elementos más vitales de la religión pagana. También creen en un "mundo paralelo", que no es nada parecido a un inframundo, sino un mundo totalmente diferente que existe junto a este mundo. El folklore pagano irlandés habla extensamente de la relevancia y la realidad de este otro mundo. La población del otro mundo está formada por todos los seres, incluidas las diosas, los dioses, las hadas reales o nobles (Sidhe) y los seres elementales.

Además de los conjuntos de creencias compartidos anteriormente, el paganismo irlandés enfatizaba la meditación y los viajes entre mundos. Creían firmemente en el poder oculto o en el conocimiento oculto, y solo ciertas personas podían desarrollar estas habilidades y podían compartirlas con los demás. Su creencia incluía la comprensión y el conocimiento de la profecía, la magia y la adivinación.

Incluso con unas ricas creencias religiosas y una cultura pagana firmemente arraigada, el paganismo cambió drásticamente a medida que el cristianismo se fue imponiendo. Con el tiempo, los sacerdotes sustituyeron a los druidas, lo que dio lugar a la asimilación de diversas creencias paganas en las creencias cristianas celtas. La Iglesia cristiana celta era muy diferente de la Iglesia católica romana y defendía prácticas y creencias que no eran bien recibidas por los cristianos ortodoxos de la corriente principal.

Con el paso del tiempo, las creencias paganas se diluyeron aún más a medida que la influencia del cristianismo se hacía dominante. Sin embargo, incluso con el dominio cristiano, las creencias paganas irlandesas sobrevivieron. Se pueden encontrar numerosas referencias a las observancias del bien sagrado (relacionadas con el ritual pagano de la primavera sagrada y la magia), a las multitudes del otro mundo, a las hadas o a los Sidhe, etc.

Diversas prácticas e historias populares hacen referencia con frecuencia al paganismo irlandés, lo que ha dado lugar a que varias creencias y rituales puramente paganos hayan sobrevivido a las arenas del tiempo a pesar del duro y poco acogedor cambio. Esto nos lleva a la era más reciente de los paganos irlandeses. No es de extrañar que las creencias paganas modernas no se parezcan en nada a las antiguas, salvo por la esencia que sigue homogeneizando y uniendo la filosofía pagana.

Creencias y prácticas paganas irlandesas actuales

En el surrealista y caótico mundo actual, el paganismo parece haber adquirido un rincón destacado de consuelo para el pueblo irlandés. Existe un atractivo innato para las creencias paganas en Irlanda, donde aún sobrevive una rica historia de religión pagana. Desde 1970, el paganismo irlandés ha experimentado un crecimiento constante, y aunque algunas cosas han evolucionado, el cambio es sutil, y el espíritu ritual y el conjunto de creencias primarias siguen en su forma original.

En la actualidad los paganos organizan un Festival Pagano nacional, el Feile Draiochta, para que los paganos se reúnan y se reconozcan entre sí. Sin embargo, debido a la naturaleza independiente y tribal de los paganos irlandeses, es un reto reunir a toda la comunidad. Por otra parte, las organizaciones sin ánimo de lucro de Irlanda trabajan para defender y promover el paganismo. El objetivo principal es salvaguardar los derechos de los seguidores paganos y difundir la conciencia sobre la religión. Varios debates mensuales sirven para que los paganos se relacionen y se reúnan periódicamente para establecer conexiones duraderas y experimentar un sano intercambio de conocimientos y creencias.

En cuanto a los festivales y rituales paganos, varios siguen siendo celebrados por los paganos modernos. Sin embargo, algunas prácticas rituales han cambiado sutilmente para adaptarse a la vida moderna. Las fiestas paganas irlandesas más famosas son Beltane (celebrada el 1 de mayo) y Samhain (celebrada el 1 de noviembre). El paganismo actual se considera una filosofía pagana irlandesa reconstruida. Sin embargo, reconstruir no es distorsionar las creencias y prácticas fundamentales.

Dado que el paganismo permite la individualidad y la interpretación y construcción subjetiva de las creencias, muchos paganos actuales definen sus rituales y prácticas. Algunos paganos practican una "conciencia acechante", atentos a su estado emocional y psicológico y al mundo exterior que les rodea. Otros encuentran un significado en la visita a sitios espirituales paganos y celtas y a sitios significativos para otras religiones. En otras palabras, el paganismo acoge una ideología no dogmática y fluida en la religión y la espiritualidad.

El principio del "politeísmo" está en el corazón del paganismo actual, honrando a múltiples diosas y dioses. La misma creencia era popular en la época antigua sobre mujeres y hombres que encarnaban y se relacionaban con diferentes aspectos culturales y fuerzas naturales. El culto a la naturaleza sigue siendo popular y obvio porque honrar a la naturaleza es una de las creencias fundacionales del paganismo y no puede ser ignorada.

Otra creencia central del paganismo actual es el panteísmo y el animismo, una parte integral de este sistema de creencias. Se trata del concepto de entretener una visión holística del mundo y la interconexión. Según esta creencia, el universo espiritual o material y la divinidad están vinculados. Los paganos creen que la naturaleza es inseparable de la divinidad, con atributos divinos repartidos por la naturaleza (según el panteísmo).

Uno de los componentes centrales de la brujería pagana centrada en las diosas era entender que todo en este universo está vinculado, como un organismo. Según esta creencia, cualquier cosa que afecte a una parte tiene un efecto dominante en las demás. La otra creencia popular del animismo era que todo tiene una energía espiritual particular o fuerza vital, o que hay espíritus específicos en el mundo natural, y que es posible comunicarse con ellos.

Es evidente que Irlanda tiene un bello y fuerte pasado pagano y, en la actualidad, una nueva ola de paganismo está cobrando fuerza en Irlanda.

Capítulo 2: ¿Quiénes eran los druidas?

Mientras que la mayoría de los miembros de las antiguas sociedades celtas eran conocidos como fieros guerreros con el deber de proteger su tierra y su pueblo, otros tenían papeles muy diferentes. Estos eran los druidas, una clase de celtas muy instruida que ocupaba diversos puestos de liderazgo en su sociedad. Su papel principal era el de depositarios del conocimiento acumulado por sus antepasados, acumulado desde la infancia. Era necesario mantener vivas sus tradiciones, ya que los celtas solo transmitían su sabiduría a través de fuentes orales. También aseguró la supervivencia del druidismo, que aún se practica hoy en día, aunque de forma modernizada.

Los orígenes del druidismo

Debido a la falta de registros escritos, no se pueden determinar con certeza los orígenes exactos del druidismo. Los pocos registros que tenemos sobre esta práctica provienen de las escrituras del Imperio romano y de los hallazgos arqueológicos en toda Europa. En lo que respecta a las escrituras del Imperio romano, estas representaciones del druidismo pueden estar empañadas por la competencia de siglos entre los romanos y los celtas por los territorios europeos. Sin embargo, dado que algunos hallazgos arqueológicos pueden vincularse a las fuentes orales transmitidas por los celtas, es posible reconstruir algunas partes de la historia de los druidas.

El término druida procede de la palabra irlandesa "Doire", que significa roble, uno de los símbolos de sabiduría natural más reveladores del paganismo celta. El druidismo considera que los robles y todo el mundo natural son una fuente de un inmenso poder listo para ser aprovechado. Los seguidores utilizan este enfoque orgánico en sus prácticas de curación, junto con la guía que reciben de los espíritus. Algunas fuentes dicen que de la misma manera que los druidas podían curar, también podían infligir daño. Sin embargo, esto va en contra del dogma del paganismo celta, por lo que es poco probable que sea cierto. Su conocimiento de la tierra y el viaje entre los reinos se consideraba místico. Al mismo tiempo, su palabra era sagrada entre sus seguidores.

La primera referencia a los druidas procede del siglo II a. C. Estos relatos describen a esta clase celta como una sociedad bien organizada. No solo tenían una jerarquía entre sus clases, sino que sus patrones de vida también seguían un orden natural. Su vida giraba en torno a las estaciones, los ciclos lunares y solares, y a honrar los ocho acontecimientos del calendario pagano celta que coincidían con ellos. También conocido como la Rueda del Año de las Brujas, este calendario marcaba las celebraciones más importantes en la vida de los paganos de Irlanda y Gales. Los druidas oficiaban ceremonias en Samhain (fiesta de la cosecha), Yule (solsticio de invierno), Imbolc (despertar de la primavera), Ostara (equinoccio de primavera), Beltane (solsticio de verano), Lugnasad (primera cosecha) y Mabon (equinoccio de otoño). Estos días sagrados se repiten cada año, como, según los druidas (y los paganos en general), lo hace la propia naturaleza.

Jerarquía de los druidas

Los druidas comenzaban su educación en su primera infancia y poco a poco iban acumulando la sabiduría suficiente para desempeñar todas las funciones destacadas que se les encomendaban. Eran enseñados por otros druidas más experimentados, que ya habían acumulado una importante fuente de conocimientos durante su vida. Este nivel de experiencia a menudo tardaba hasta 20 o 30 años en alcanzarse, por lo que no todos los druidas podían desempeñar todos los cargos. Los hallazgos arqueológicos muestran que muchos llevaban ropas y tocados para enfatizar su elevado estatus en sus sociedades. A diferencia de los guerreros celtas, la clase culta llevaba largas túnicas y tocados sin función protectora. Debido a las ligeras variaciones en estos artículos, también está claro que había una separación entre las diferentes clases de druidas.

Por ejemplo, los de mayor rango llevaban túnicas amarillentas (antes doradas) y tocados adornados con elaboradas tallas de bronce. Eran típicamente maestros y otros eruditos druidas con funciones prominentes. Los novatos se descubrían a menudo con túnicas oscuras y tocados más sencillos. Los druidas que actuaban como sacerdotes, curanderos y consejeros vestían de blanco, mientras que los que determinaban los asuntos durante la batalla lo hacían de rojo. Los practicantes con inclinación artística llevaban ropas azules. En algunas representaciones, los practicantes masculinos más experimentados también tenían el pelo largo y abundante vello facial, otro rasgo que los separaba del resto de la comunidad. Aunque las fuentes romanas niegan la existencia de druidas femeninas, los relatos celtas describen a estas mujeres vestidas de forma similar a sus homólogos masculinos.

Otra prueba de la jerarquía entre los druidas es la elección tradicional de un druida jefe. Normalmente, esta persona era el miembro más experimentado y de mayor confianza de su comunidad, que - una vez elegido - ocupaba el cargo hasta el final de su vida. Tenían el honor de decidir los asuntos más urgentes relativos a su clan y de oficiar los rituales durante los principales solsticios. Estos líderes también iniciaban a los maestros y maestras druidas, responsables de continuar con su tradición. En muchas otras sociedades, esta separación existía a causa del analfabetismo de los plebeyos. En el druidismo, se debía a la magnitud del compromiso requerido para dominar este oficio.

Las funciones de un druida

Los hallazgos arqueológicos y las representaciones orales coinciden en que los druidas tenían lugares sagrados para realizar los rituales más importantes. Aquí oficiaban el culto a la deidad, dictaminaban todas las cuestiones religiosas y preparaban los grandes sabbats. Se trataba de zonas aisladas, como los claros naturales de los bosques y los círculos de piedra hechos por el hombre. Stonehenge es un famoso lugar de culto druídico, un monumento megalítico construido alrededor del año 2400 a. C. Aunque no está claro si los druidas erigieron la estructura, Stonehenge era un lugar de congregación popular para los paganos durante los grandes sabbats. En la actualidad, este lugar es visitado por paganos modernos, druidas y seguidores de otras religiones neopaganas.

Los druidas eran vistos como intermediarios entre los humanos, las deidades y los espíritus, por lo que se buscaba su ayuda cuando alguien necesitaba respuestas, orientación o protección de entidades malévolas. Los druidas eran politeístas y adoraban tanto a los dioses masculinos como a los femeninos, lo que significa que sus prácticas eran una verdadera representación de los antiguos sistemas de creencias celtas en Irlanda y Gales. Sus ofrendas podían incluso apaciguar a los espíritus neutrales, para que no tuvieran la tentación de volverse contra los humanos. Debido a esto, muchos equipararon el druidismo con el sacerdocio, llamando a los practicantes sacerdotes paganos. Este conocimiento se reforzaba a menudo porque los druidas eran la clase más educada entre los celtas, y su opinión se consideraba sagrada.

Sin embargo, en realidad, las funciones de un druida eran muy variadas. Actuaban como maestros, jueces, científicos, poetas, sanadores y filósofos. Eran respetados por su poder para comunicarse con las deidades y los espíritus de todos los reinos. Sus dictámenes también eran venerados por la infinita sabiduría que había detrás de sus habilidades. No solo eran conocedores de los fenómenos naturales, sino que también podían explicar las fuerzas sobrenaturales. A menudo se les pedía que distinguieran entre ambas y que tomaran el control de cualquiera de ellas. Aunque no siempre podían controlar estos sucesos, proporcionaban información sobre cómo protegerse de ellos, lo que a menudo salvaba la vida de sus clanes, animales o cultivos.

También se cree que los druidas podían prever el futuro hasta cierto punto. Lo hacían interpretando ciertos presagios y reflexionando sobre los acontecimientos venideros. Finalmente, esto los llevaba a predecir las consecuencias. La aptitud de los druidas para la adivinación les otorgó la función de astrónomos. Utilizando su agudo sentido de la predicción, podían prepararse para cualquier acontecimiento del calendario pagano y señalar al resto de la comunidad cuándo era el momento de hacer lo mismo.

Su función como famosos poetas está bien documentada por los romanos y se evidencia en la forma en que los druidas continuaron sus tradiciones hasta nuestros días. Los poetas no se limitaban a elaborar canciones y cuentos místicos, sino que eran historiadores que relataban la vida de sus antepasados. Las historias que transmitían a las siguientes generaciones formaban parte de su folklore y representaban el significado de sus leyes. Eran lecciones aprendidas de la experiencia ancestral o profecías dejadas por una cultura druídica aún más antigua.

Cuando no estaban ocupados realizando hechizos, rituales y adivinaciones sobre asuntos políticos importantes o de curación, los druidas se ocupaban de asuntos más comunes. Cuando actuaban como jueces, sus funciones incluían ocuparse de delitos menores dentro de su comunidad e incluso resolver conflictos entre miembros de la familia. Una persona podía ser fácilmente expulsada de los asuntos religiosos e incluso desterrada de todo el clan si los druidas lo consideraban un castigo necesario. Lo que es aún más interesante es que los druidas podían conceder el divorcio a hombres y mujeres, algo bastante inusual en las sociedades antiguas. Sin embargo, para esta clase celta, todas las almas humanas eran consideradas iguales y, por tanto, merecían el mismo trato.

El monopolio druídico sobre los actos religiosos iba mucho más allá del ámbito de la mera oficiación de los mismos. Tenían tanto poder en sus comunidades que cualquiera que desobedeciera sus normas en cualquier asunto se enfrentaba a la exclusión de los rituales sagrados y los festivales religiosos. Si alguien se atrevía a desobedecerles, se le consideraba impuro, y su energía amenazaba con manchar todo el evento. Por lo tanto, debían permanecer en la periferia de la comunidad y se les prohibía incluso vislumbrar una ceremonia próxima. En la Irlanda pagana, los druidas imponían ciertas prohibiciones conocidas como geis. Aunque es mucho más mundano que un castigo por un delito, un geis se consideraba un tabú sagrado. Los que desobedecían este edicto se enfrentaban a muchas desgracias, incluida la muerte de familiares cercanos. Aunque esto también parece un acto maligno, la aplicación de los geis probablemente servía de protección contra las enfermedades y otros males. Por ejemplo, se podía prohibir a los individuos que comieran la carne de ciertos animales que los druidas creían que estaban contaminados con una enfermedad, de ahí la advertencia de muerte.

Rituales druidas comunes

Aparte de sus lugares más sagrados, los druidas solían celebrar rituales y otras ceremonias en lugares naturales de importancia. Los manantiales, los ríos, los lagos, las cimas de las colinas, las ciénagas y las tres arboledas podían servir de lugar de congregación para los druidas celtas y sus comunidades. Aquí, la línea entre nuestro reino y el Otro Mundo se hace más delgada, especialmente en torno a Samhain y Beltane. Esto permitía a los druidas ofrecer sacrificios al espíritu que habita en otros reinos a cambio de protección y guía.

Cuando sus clanes estaban en guerra, los druidas solían realizar sacrificios de animales. Si lo hacían después de una batalla, era para expresar su gratitud a las deidades por la victoria o por el escaso número de pérdidas. La ofrenda que se hacía antes de una batalla solía tener fines adivinatorios. El animal sacrificado era vigilado muy de cerca, ya que cualquier parte de su muerte (o cuerpo muerto) podía ofrecer una pista sobre el futuro. Si había algún mensaje sobre el resultado de la batalla que se avecinaba, los druidas eran capaces de interpretarlo. Aunque de naturaleza benigna, los druidas no mostraban ninguna piedad con el enemigo capturado.

Por otro lado, los guerreros caídos de su clan recibían funerales pacíficos, que representaban la antigua cultura celta en las prácticas de los druidas irlandeses y galeses. Ellos creían que cuando un alma abandonaba un cuerpo después de la muerte, simplemente pasaba a habitar otro cuerpo. Por ello, los guerreros y líderes valientes debían ser enterrados con una ceremonia fastuosa junto a sus posesiones más preciadas, incluidas las armas y las joyas. Además de las ceremonias de enterramiento, los druidas también oficiaban las cremaciones y excarcelaciones. Este ritual consistía en exponer el cuerpo a los elementos hasta que solo quedaban los huesos. Los practicantes enterraban o guardaban estos huesos para futuras adivinaciones y otras ceremonias.

Como en muchas otras culturas paganas celtas, el uso de objetos para lanzar hechizos o realizar ceremonias era una práctica común en el druidismo. Cuando realizaban un ritual de curación, los druidas a menudo necesitaban preparar pociones para mejorar sus hechizos y posiblemente curar la dolencia que se les pedía que remediaran. La asociación mística de los druidas con la magia oscura y la capacidad de lanzar maldiciones es probablemente el resultado de que otras religiones intentaran suprimir esta práctica. Sin embargo, los druidas utilizaban remedios naturales con efectos increíblemente poderosos. Hacían viajes nocturnos a los cultivos sagrados para cosechar hierbas; solo ellos sabían dónde encontrarlas y utilizarlas adecuadamente.

El muérdago se utilizaba con especial frecuencia en los rituales druídicos entre los paganos celtas de Irlanda y Gales. Esta planta perenne era un símbolo tradicional de la vida eterna y la fertilidad debido a su capacidad de mantener sus hojas, incluso en invierno. El muérdago suele crecer en los robles, lo que hizo que su importancia en el druidismo fuera aún mayor. Debido a su amplia disponibilidad, esta planta se utilizaba para curar diversas dolencias comunes. Sin embargo, su dosificación debía ajustarse cuidadosamente. Si se utilizaba mal, la planta tenía un efecto venenoso que podía acarrear consecuencias nefastas.

Los practicantes se reunían bajo el árbol para preparar rituales, festines y sacrificios de animales. Subían al árbol para cortar el muérdago y colocarlo en un gancho de oro antes de prepararlo para la ceremonia propiamente dicha. Se rezaba una oración para expresar su gratitud a la naturaleza y pedir cualquier servicio que fuera necesario. Esta recogida de muérdago se realizaba normalmente antes de un día concreto de la Rueda del Año de las Brujas: antes de un sabbat o del sexto día de la luna. En ese momento, la luna no ha crecido hasta la mitad de su tamaño, pero ya posee suficiente influencia para asegurar un resultado favorable para la ceremonia que se va a realizar.

Relación con los sacrificios humanos

Aunque los sacrificios de animales eran comunes entre los druidas, no está claro si ofrecían sacrificios humanos. Hay algunos testimonios sobre que los druidas realizaban rituales que requerían un sacrificio humano. Otras fuentes dicen que solo participaban en las ofrendas realizadas por otras clases celtas. De nuevo, la mayoría de estos registros proceden de los romanos, que pueden haber utilizado los sacrificios humanos como excusa para disminuir el valor del druidismo. No hay pruebas claras sobre qué culturas celtas realizaban estos rituales. Gran parte de su trabajo era visto como magia con una mala influencia para los que estaban fuera de la cultura celta pagana. Ser testigo de cómo los druidas realizaban un poderoso ritual de curación a los guerreros caídos puede haber dado lugar a algunos conceptos erróneos comunes sobre sus prácticas. Los druidas que actuaban como intermediarios entre los clanes estaban siempre a favor de preservar la paz, pero a veces utilizaban argumentos poco convencionales para persuadir a los caciques de que mantuvieran buenas relaciones. Algunas de sus palabras se consideraban a menudo como amenazas, lo que, de nuevo, dio lugar a exageraciones sobre sus prácticas.

Cómo pasaban sus días los druidas celtas

En un día típico, un druida se despertaba antes de que el sol fuera visible en el horizonte. Consideraban que la energía del sol naciente era la fuente más potente de energía natural, por lo que aprovechaban este momento para realizar adivinaciones y obtener respuestas a asuntos apremiantes. Esto se hacía normalmente mediante una ofrenda acompañada de una oración al líder espiritual elegido. La mayoría de los druidas tenían una forma preferida de comunicarse con el espíritu de una deidad de su elección, que era única para cada practicante. Dependiendo de la respuesta que buscaban, la ofrenda podía exigir desde un simple regalo hasta un sacrificio de animales.

Si un druida ejercía de maestro, continuaba durante todo el día contando historias de los antepasados celtas a los niños y a otros aspirantes a druidas. Un gran número de jóvenes se reunían frente a ellos, esperando ser investidos de una nueva sabiduría que, al recibirla, les producía un gran honor. Después, un druida consultaba con el jefe de su clan lo que había aprendido durante su ritual matutino. Si descubrían algo relativo a la seguridad del clan, el jefe le pedía su consejo al respecto. Si no, pasaban a discutir otros asuntos importantes, como los próximos solsticios, los juramentos de los guerreros, los casos criminales, los conflictos con otros clanes, etc. Debido a su infinita sabiduría, se confiaba en que los druidas gobernaran con justicia en todos los asuntos y mantuvieran el equilibrio de la comunidad.

Una vez resueltos todos estos asuntos, los druidas llevaban la medicina a los que necesitaban sanación. También se enteraban si alguien más requería su orientación al interactuar con su comunidad. Al llegar a casa, un druida preparaba brebajes curativos que necesitaba administrar al día siguiente. A última hora de la noche, reflexionaban sobre los temas que habían aprendido de los demás o se preparaban para los próximos rituales.

Decadencia y renacimiento del druidismo

El druidismo desempeñó un papel fundamental en el paganismo celta, especialmente en Gales. Sin embargo, a medida que el Imperio romano crecía en fuerza, acabó por relegar las creencias celtas a un segundo plano. Los romanos consideraban que los druidas eran una poderosa fuerza aglutinante para las sociedades de las que intentaban apoderarse, por lo que se encargaron de forzar su desaparición en la medida de lo posible. Dado que el paganismo enfatizaba los valores espirituales más que los mundanos, los primeros intentos de los romanos por erradicar esta cultura no tuvieron demasiado éxito. Desgraciadamente, no fue así con el cristianismo, que, durante el periodo medieval, consiguió invalidar todas las funciones de los antiguos druidas.

Todavía se las arreglaron para continuar con sus tradiciones. Algunos se vieron obligados a transmitir sus conocimientos en total secreto, mientras que muchos druidas encontraron la manera de llegar a sus seguidores asimilando sus enseñanzas a las prácticas cristianas. Debido a su capacidad de adaptación a otras culturas, después del siglo XVII, los druidas revivieron con éxito sus tradiciones. En los tiempos modernos, el druidismo se practica de forma algo diferente a la de los antiguos celtas, pero su esencia sigue viva.

Al igual que otros vestigios de la cultura celta, el druidismo moderno representa una mezcla del antiguo paganismo, el cristianismo y las religiones modernas del neopaganismo, como la wicca. A su vez, otros sistemas de creencias también se han visto influidos por esta práctica. Por ejemplo, el número tres, que estaba presente en muchos símbolos paganos, y a menudo utilizado por los druidas, se encuentra en las prácticas del cristianismo y del neopaganismo. El círculo es otro símbolo con gran importancia para las creencias druidas y el neopaganismo, y sigue representando el círculo de la vida y la rueda del año.

Capítulo 3: Fiestas y festivales paganos

'Pagano' es un término amplio que se utiliza para muchos grupos diferentes, incluyendo a los wiccanos, neopaganos celtas, paganos y otros. Cada grupo tiene sus propias creencias religiosas, costumbres e incluso idiomas. Sin embargo, todos estos grupos se reúnen durante las festividades y celebraciones en momentos específicos del año. Este capítulo analiza qué hace que las ocasiones sean tan importantes para los diferentes paganos y cómo se celebran las fiestas en la cultura pagana.

La Rueda del Año

El ciclo estacional pagano se divide en momentos claramente definidos a lo largo del año identificados por los cambios de las estaciones y la posición de los astros. Estos diferentes momentos se representan gráficamente a través de lo que se conoce como la Rueda del Año. Esta representación circular del año divide las distintas celebraciones en ocho partes. En conjunto, estas fiestas y celebraciones se conocen como días/fiestas del Sabbat. Cuatro de las ocho celebraciones son de origen celta y se conocen como los sabbats mayores o los cuartos de semana. Los sabbats mayores se basan en acontecimientos astronómicos y, por esta razón, pueden variar unos días cada año. Los sabbats menores se conocen como los días de los cuartos de cruz, y estas fiestas se basan en los solsticios y equinoccios.

Los solsticios y equinoccios son cambios en la inclinación de la Tierra y están relacionados con los cambios de estación, y están determinados por la forma en que la luz del sol incide en el ecuador. A medida que la Tierra gira alrededor del sol, también se desplaza hacia delante y hacia atrás en su eje, provocando el cambio de las estaciones. Si usted se encuentra en el hemisferio norte, cuando la Tierra se desplaza hacia delante, experimenta el verano. Cuando la Tierra se estabiliza y se mantiene recta sobre su eje, es el comienzo del otoño. Cuando el hemisferio norte se inclina hacia atrás y el Círculo Polar Antártico se orienta hacia delante, por delante del Círculo Polar Ártico, es el comienzo del invierno. Además, mientras la Tierra se inclina lateralmente sobre su eje hacia una dirección, también gira irregularmente alrededor del Sol. Es como un círculo ovalado alrededor del sol, por lo que estamos muy cerca del sol en un extremo, mientras que, en el otro extremo del circuito, estamos mucho más lejos. Esto también desempeña un papel importante en la forma en que experimentamos las estaciones y la intensidad con la que experimentamos el calor y el frío en la Tierra durante los meses de verano e invierno.

La Rueda del Año era una parte esencial de las culturas celta y pagana, ya que se utilizaba para dar sentido al tiempo, antes de los calendarios y los relojes. Con la Rueda del Año, los paganos podían entender el tiempo e influir en muchas actividades de la vida, como lo que cultivaban y cosechaban, cómo viajaban, dónde vivían e incluso su estilo de vida.

Yule (Solsticio de invierno)

El solaz de invierno se produce entre el 21 y el 23 de diciembre en el hemisferio norte y entre el 20 y el 23 de junio en el hemisferio sur. El solaz de invierno es el día más corto del año, acompañado de la noche más larga. En las tradiciones paganas, esta es la fase en la que nace el Niño de la Promesa, el dios que superará la oscuridad del invierno y guiará a la gente hacia una primavera más brillante, cálida y fructífera. Los días empiezan a ser más largos y el invierno se vuelve más suave a partir de este momento.

Yule también está estrechamente ligado a la Navidad que celebran los cristianos. Aunque la celebración de Yule ha formado parte de la cultura del norte de Europa desde antes del cristianismo, las fiestas se han solapado y han cambiado de una a otra a lo largo del tiempo. Por ejemplo, el concepto de hacer regalos es común en ambas culturas. También es un momento para celebrar con la familia, normalmente en torno a una gran fiesta. En las tradiciones del Sabbat, es parte de la cultura encender una hoguera a los troncos de Yule, mientras que en el cristianismo, la tradición es decorar los árboles. Los paganos queman troncos de Yule en sus casas, tanto en el interior como en el exterior, para atraer la buena suerte para la temporada de primavera que se avecina. Incluso los colores primarios utilizados en las celebraciones del Sabbat de Yule se utilizan habitualmente en las celebraciones navideñas, como el rojo y el verde.

Los paganos celebran esta época con cerveza dulce, sidra caliente, sopas y muchos frutos secos y carne.

Imbolc (Candelaria)

Imbolc es una ocasión festiva basada en las celebraciones de Yule. Se celebra el 1 de febrero en el hemisferio norte, mientras que el hemisferio sur lo disfruta el 1 de agosto. Es una fiesta que significa que el invierno está a punto de terminar y que los días más cálidos y fructíferos de la primavera están a la vuelta de la esquina. Es el momento en que los últimos vestigios del invierno comienzan a desvanecerse. Llueve mucho más, y el sol y la Tierra proporcionan a todos los seres vivos lo que necesitan para volver al proceso de crecimiento.

En las tradiciones paganas, también se conoce como el día de Brigid, en respeto a la diosa Brigid. Se cree que, si se deja una ofrenda para Brigid, ella bendecirá la cosecha que está por venir y salvará a los agricultores de las malas cosechas. Como es una diosa asociada al crecimiento y la fertilidad, esta es la época del año más importante para ella.

Al mismo tiempo, es un momento para que la gente se limpie, al igual que la Tierra se limpia del invierno y se refresca para el año que viene. Es un momento para sembrar semillas frescas, dejar atrás el pasado y tener la esperanza de un futuro más brillante. Si quiere hacer cambios significativos en su vida y empezar de nuevo, este es el momento de hacerlo.

La fiesta se destaca por la limpieza de primavera y la elaboración de artesanías simbólicas de Imbolc. Utilizar flores frescas de primavera y comer fruta fresca es la norma en esta época del año.

Ostara (Equinoccio de primavera/verano)

Se trata de un momento especial del año, ya que es la primera vez que la duración de los días y la noche se igualan en el nuevo año. En el hemisferio norte se celebra el 21 de marzo y el 21 de septiembre en el hemisferio sur. Es el momento crucial en el que las horas de luz comienzan a aumentar y recibimos una vibración más positiva de la Tierra. Hay mucho crecimiento durante y después de esta fase de transición al verano. Para los paganos, es la estación de la fertilidad. Hay nueva vida en abundancia y es una época de alegría. Al igual que la Navidad, esta celebración también se refleja en la cultura cristiana durante la fiesta de la Pascua. La idea de decorar los huevos con el simbolismo de los pollitos y los conejitos (entre otros animales) pretende demostrar la llegada de una nueva vida y un nuevo comienzo. Es lo contrario del equinoccio de otoño.

A algunas personas les gusta representar el papel del dios y la diosa, representando el romance que experimentan y que los lleva a concebir al Niño de la Promesa. También, la forma en que la noche y el día se igualan es reflejada por el dios de la naturaleza cuando su personalidad se divide entre su conciencia superior y sus deseos sexuales primitivos.

Beltane (Víspera de mayo)

La famosa fiesta del fuego, Beltane, tiene lugar al final de la primavera y el comienzo de la temporada de verano. En el hemisferio norte se celebra el 1 de mayo, mientras que en el hemisferio sur es el 1 de noviembre. Beltane también se conoce como el Día de Mayo.

Celebra la fertilidad, ya que en la Tierra se produce mucho crecimiento y desarrollo en todas las formas de vida. Esta fiesta se destaca por el fuego, por lo que muchos eventos y celebraciones tienen hogueras en el centro de la fiesta, o hay una danza o actuación utilizando el fuego. Otro componente esencial de la celebración de Beltane es el palo de mayo, utilizado para representar la parte reproductiva de la fiesta. Un poste tiene cintas o hilos multicolores atados a él en la parte superior, y la gente se aferra a los hilos mientras baila y corre alrededor del poste, trenzándolo en un hermoso patrón. Las mujeres hacen coronas de flores decoradas con cintas y las llevan mientras bailan alrededor del palo de mayo.

Las familias celebran esta fiesta con sus hijos plantando semillas de pequeñas plantas en macetas en casa, pidiendo deseos y enviándolos al universo echándolos al fuego. Es una época en la que la gente espera la cosecha que obtendrá después de un verano agradable y brillante. En la tradición pagana, es el momento del año en que el dios del sol visita la tierra para fertilizarla y desempeñar su papel en el proceso de crecimiento. También se representa a través de la diosa y el Hombre Verde, que simboliza el crecimiento y el renacimiento. También ilustra cómo el dios pasa de estar impulsado por la lujuria y el impulso de reproducirse a comprometerse en una relación y criar a la siguiente generación.

También se cree que es cuando el velo entre los vivos y los muertos es más fino. Por ello, la gente cree que puede comunicarse con los muertos. Además, los granjeros buscan protección para sus animales llevándolos a pastos abiertos y haciéndolos pasar por dos grandes hogueras. Se cree que esto libra a los animales de impurezas y los protege para la próxima temporada.

Litha (Solsticio de verano)

Litha es el punto álgido de la temporada de crecimiento de la Tierra, cuando el verano entra en pleno apogeo. Aunque es uno de los Sabbats menores, sigue siendo una época del año muy celebrada. En el hemisferio norte, es entre el 20 y el 24 de junio y del 20 al 24 de diciembre en el hemisferio sur. Es también el día más largo del año, después del cual la duración del día se acorta de nuevo. En la religión, es el día que significa que el dios Sol ha alcanzado la cima de su fuerza y madurez. Es el fin de su época de juventud en la que vagaba libre y despreocupado. Ahora es una transición hacia una parte más seria de la vida en la que la Tierra está creciendo desde las semillas hasta las plantas, y algunas plantas pueden incluso haber empezado a florecer y dar frutos. El dios Sol está pasando a una fase más protectora de su vida.

El monumento de Stonehenge es también una parte importante de esta celebración. Hay dos grandes piedras situadas fuera del círculo principal de piedras conocidas como la Piedra del Talón y la Piedra de la Matanza. Estas dos piedras canalizan los rayos del sol directamente hacia el centro del círculo en este día. Todas las actividades y festividades de este día representan el poder del sol y que la Tierra también entra en una fase más madura de su ciclo vital.

Lugnasad (Lammas)

Lammas es uno de los Sabbats mayores y la primera de las tres fiestas de la cosecha. La palabra *Lammas* significa masa de pan, mientras que el otro nombre, Lugnasad, significa la reunión de Lugh, representando que Lugh ha transferido su poder. En el hemisferio norte, es el 1 de agosto, y en el hemisferio sur, el 1 de febrero. Es la primera etapa de preparación para los meses de invierno que se avecinan. El sol comienza a perder su fuerza a partir de ese momento y los días se acortan considerablemente.

Los paganos creen que durante Lammas, el dios se sacrifica a la diosa, y ella lo mata con una hoz. La sangre del dios se derrama sobre la tierra y le da a esta la energía necesaria para durar hasta la siguiente Rueda del Año. De este modo, el dios también pasa de ser el dios de la luz y la vida al Señor Oscuro de la muerte, que es su papel en la última parte del año.

Se celebra horneando pan con la forma del dios y fabricando otros artefactos que lo representan. Los celtas creen que el dios del Sol Lugh transfiere su fuerza a los granos que están cosechando, y cuando hornean este grano en forma de pan, la transferencia de poder se completa y su papel llega a su fin.

Mabon (Equinoccio de otoño)

Mabon es la segunda de las estaciones de la cosecha y es otra señal de que el verano se está desvaneciendo y que la gente debe prepararse para el invierno. En el hemisferio norte se celebra entre el 21 y el 24 de septiembre, y en el hemisferio sur, entre el 21 y el 24 de marzo. Una vez más, el día y la noche se equilibran y están casi en la misma proporción el uno del otro. El concepto que subyace en esta fase de la Rueda del Año es similar al que practican los cristianos durante el Día de Acción de Gracias. Es un momento para reflexionar sobre el viaje del verano, sobre cómo la tierra nos dio lo que necesitábamos para seguir vivos e incluso nos ha dado el combustible que utilizaremos en el invierno.

Mientras que el equinoccio de primavera representa la energía sexual, el periodo de Mabon es una fase mística del año. Está rodeado de la reencarnación, el ciclo de la vida, la sabiduría de la planificación para los duros meses de invierno y el viaje del vientre a la tumba. El dios también contempla estas diferentes ideas y conceptos y alcanza un nivel superior de conciencia. En este punto, el dios vuelve a conectar con la diosa, ya que su nivel superior de conciencia le permite acceder al inframundo. A estas alturas, la diosa es la reina del inframundo, y es otra etapa de su unión que tiene lugar en un escenario muy diferente.

Samhain (Halloween)

Samhain es una fiesta muy conocida en la cultura pagana y en el mundo moderno. Sin embargo, el resto del mundo la reconoce como Halloween en lugar de Samhain. Suele ocurrir alrededor del 31 de octubre al 2 de noviembre en el hemisferio norte y alrededor del 31 de abril y el 2 de mayo en el hemisferio sur. De nuevo, es cuando el velo entre el mundo de los vivos y el de los espíritus es extremadamente fino, por lo que suele asociarse con fantasmas, espíritus y actividad extraterrestre. Se cree que los espíritus del otro mundo vagan libremente por la Tierra en esta noche. Como los espíritus están tan cerca de nosotros, mucha gente cree que es el mejor momento para practicar la magia.

El Samhain es la última de las tres fiestas de la cosecha. Se cree que la palabra Samhain proviene de una palabra irlandesa que se traduce como "fin del verano". Esta parte de la Rueda del Año es también la opuesta a la fiesta de Beltane. Mientras que en Beltane se enviaba al ganado a pastar a los prados, en esta época del año regresan y son recibidos de nuevo con grandes llamaradas.

Algunos paganos y celtas también consideran esta fiesta como el Año Nuevo de las brujas, ya que es el final del ciclo de ese año. Es un momento en el que la gente piensa en el año, reflexiona sobre todo lo ocurrido y presenta sus respetos a los que han fallecido. Es un momento en el que la gente practica la gratitud y mira la vida de forma diferente mientras se prepara para el duro clima invernal. Agradecen a los dioses por haber ayudado al pueblo a conseguir los recursos necesarios para el invierno y se centran en cómo pueden pasar el invierno con éxito. En la actualidad, esto no es tan difícil, pero en aquel entonces, era una parte del año extremadamente desafiante que requería tanta o más preparación que la necesaria para que las plantas crecieran y los cultivos estuvieran listos para el verano.

Durante las festividades para esta ocasión, la gente sacrificaba animales a los dioses para darles las gracias. Se vestían con pieles de animales y llevaban cabezas de diversos animales.

El dios unido a la diosa en el inframundo muere en este momento. El niño Sol que está por nacer va madurando. El dios Sol nacerá en Yule, el siguiente festival, completando el Ciclo de la Vida.

Todos los diversos festivales de la Rueda del Año tienen un intervalo aproximado de 6 a 8 semanas, por lo que siempre hay algo que esperar. La forma en que se celebran estos eventos también ha cambiado con el tiempo, y la gente de distintas partes del mundo también los celebra de forma diferente. Debido a las diferencias en el clima, la disponibilidad de recursos y otras restricciones, la gente ha encontrado nuevas formas de celebrar estos eventos. Sin embargo, el espíritu de los festivales sigue vivo. Además, diferentes aquelarres tienen su forma específica de celebrar los mismos eventos, y personas de diferentes orígenes dentro del paraguas pagano también tienen sus festivales. Pero la esencia de estos eventos sigue siendo la misma.

Capítulo 4: Brujería celta y ramas de creencia

La brujería fue una práctica popular entre casi todas las culturas de la historia. Tradicionalmente, la práctica podría definirse como la invocación de poderes especiales para hacerse cargo de individuos o acontecimientos. La magia y la hechicería son dos elementos típicamente implicados en el proceso. Aunque se dilucida de forma diferente en los textos culturales e históricos, la mayoría de la gente, especialmente en Occidente, siempre ha mantenido estereotipos inexactos de la brujería. A menudo se percibe como que las brujas se reúnen por la noche para participar en rituales con el diablo y realizar magia negra. Estas creencias se reforzaron especialmente durante la caza de brujas de los siglos XIV a XVIII. Sin embargo, estas falsas percepciones no se asemejan a la realidad.

Hay tres implicaciones principales de la palabra "witchcraft" (brujería) en el idioma inglés moderno. La primera es el ejercicio regular de la brujería y la magia en todo el mundo. La segunda se refiere a la caza de brujas que tuvo lugar en Occidente durante los siglos XIV y XVIII. La última connotación son las variaciones del movimiento wiccano moderno.

Las palabras *witch* (bruja) y *witchcraft* provienen del término inglés antiguo *wiccecraft*. *Wicce* se refería a las brujas femeninas y wicca era el término masculino. Aunque hay términos que significan el equivalente de witchcraft en otros idiomas, como *sorcellerie* en francés, brujería en español y *hexerei* en alemán, ninguno tiene la misma connotación. Esto significa que no pueden utilizarse para traducirse con precisión. Se hace aún más difícil cuando nos alejamos de Europa y nos adentramos en las lenguas asiáticas y africanas.

El principal problema que plantea la atribución de un significado definido al término brujería es el reto que supone el hecho de que varios conceptos y temas subyacentes acompañen a esta práctica. Estos conceptos y temas no son fijos y cambian según la época y el lugar de la historia. No es fácil encontrar otras culturas, aparte de la irlandesa y la galesa, que compartan patrones razonables y algo similares de creencias vinculadas a la brujería. Además de la brujería, el diabolismo, la magia, la religión, los avances del tiempo y el folklore, siempre influyen y se fusionan con estas creencias. Por ejemplo, algunas regiones creen firmemente que los superpoderes de una bruja son intrínsecos, mientras que otras están convencidas de que las prácticas místicas son aprendidas y desarrolladas por cualquier individuo.

Este capítulo pinta un cuadro de la brujería galesa y del paganismo. Aprenderá todo sobre cómo eran las creencias místicas y la percepción de las brujas en la sociedad galesa. Como se ha mencionado anteriormente, existen numerosas coincidencias entre la brujería galesa y la irlandesa. Sin embargo, aún existen algunas características y creencias destacadas vinculadas al paganismo galés, que trataremos con mayor profundidad. En este capítulo, descubrirá cómo era una bruja celta típica, si la brujería era aceptada y venerada entre los miembros de la comunidad y si el paganismo ha estado siempre asociado a ella.

Las cuatro ramas principales de la creencia pagana galesa

Hay cuatro ramas principales de la creencia pagana galesa: Los dioses de Annwn (el inframundo galés), los protectores, los hábiles y los cielos y las estaciones. Estas características de las creencias paganas eran elementos muy destacados entre su panteón de deidades. Aunque muchos pueblos o tribus dentro del Imperio celta adoraban a sus propias deidades, algunos de los dioses y diosas eran comunes entre muchos celtas porque traían consigo sus creencias a medida que los individuos se desplazaban y conquistaban otros grupos. Por ejemplo, las versiones irlandesa, escocesa e inglesa de las deidades galesas que tratamos con más profundidad en el capítulo 6.

Las Cuatro Ramas del Mabinogi

Los Mabinogi, a los que se hace referencia en varias ocasiones, incluyen cuatro ramas. En el siglo XI, los cuentos de la mitología galesa se combinaron después de haber sido transmitidos por tradición oral. Los Mabinogi se conservaron en manuscritos medievales y se guardaron en bibliotecas familiares privadas. Los eruditos de la Edad Moderna hicieron grandes esfuerzos por restaurar y rescatar los cuentos místicos galeses. Sin embargo, hasta hoy solo disponemos de dos versiones principales, junto con algunos retazos del resto. En la década de 1970, las obras fueron finalmente reconocidas como literatura secular, lo cual es justo si se tiene en cuenta que contienen personajes elaborados y tocan una amplia gama de temas relacionados con el género, la moral, la ética y la política. La mitología, como es lógico, también contenía imágenes increíbles y fantásticas.

Cada rama de la mitología abarca numerosos episodios secuenciales de un cuento. Cada rama lleva el nombre de su deidad protagonista, de la que hablaremos con más profundidad a lo largo de los siguientes capítulos. Los nombres de las ramas son Pwyll, Branwen, Manawydan y Math. Sin embargo, es importante tener en cuenta que se trata de una alteración relativamente moderna, y que las ramas no fueron nombradas en los manuscritos medievales originales. Pryderi es el único personaje común en las Cuatro Ramas de los Mabingoni, aunque no es un personaje central ni principal en ninguno de los cuentos.

- ## La Primera Rama

Pwyll, el príncipe de Dyfed, es el relato de la mística y heroica visita de Pwyll al otro mundo. Profundiza en sus habilidades para cambiar de forma. Los duelos, y la virtud, son elementos que le llevaron a la creación de una poderosa alianza. Pwyll es cortejado por Rhiannon, la diosa con la que se casó para conceder la libertad en esta mitología, seguida de su hijo recién nacido, Pryderi, que fue secuestrado y rescatado; Tyrenon, el señor del reino de Gwent, acogió entonces a Pryderi.

- ## La Segunda Rama

El cuento de Branwen, hija de Llŷr, sigue el desposorio de la diosa Branwen con el rey de Irlanda. El rey comienza a maltratarla después de ser insultado por Efnysien, el hermanastro de Branwen. Una guerra instigada por el hermano estalla y da lugar a un genocidio. Los cadáveres resucitan y la cabeza de Bran, el rey gigante, permanece viva de alguna manera después de su muerte. Pryderi aparece como superviviente de la guerra, y Branwen muere de culpa y angustia.

- ## La Tercera Rama

Manawydan, hijo de Llŷr, es el heredero del trono británico y hermano de Branwen. La guerra lo acerca a él y a Pryderi, lo que lleva a este a concertar el matrimonio de Manawydan y Rhiannon. Sin embargo, la devastación se cierne sobre la tierra de Dyfed, y Rhiannon y Pryderi se alejan repentinamente de la vida de Manawydan debido a una trampa. Manawydan se convierte en granjero y aboga por su liberación de la trampa encantada y por la restauración de la tierra de Dyfed.

- ## La Cuarta Rama

Math, hijo de Mathonwy, la Cuarta Rama de los Mabinogi, se desarrolla en una sucesión de traiciones y engaños. Gira en torno a la guerra con Dyfed y la muerte de Pryderi, seguida de la doble violación de una muchacha virgen y el rechazo de Arianrhod a un hijo no deseado. Su hermano mago, Gwydion, fue el cerebro y creador de estos sucesos. Él provoca un embarazo incubado sintéticamente con una mujer artificial (Blodeuwedd). Ella se ve envuelta en un engañoso triángulo amoroso que termina con un asesinato traicionero. Gwydion se embarca entonces en un viaje chamánico de redención.

¿Se aceptó la brujería?

Comenzamos el capítulo explicando cómo se percibe la brujería como una actividad que implica magia y poderes sobrenaturales para dañar a los demás. Aunque mucha gente sigue teniendo estas ideas erróneas sobre las brujas, este estereotipo era más popular en la historia. En el mundo actual, muchos piensan que la brujería es un arte curativo místico.

A pesar de la popularidad de la brujería en aquella época, mucha gente emprendió una caza de brujas para atrapar a los practicantes de "magia negra". La brujería estaba muy asociada a la magia negra en la antigüedad. Sin embargo, esta creencia creció cada vez más durante la última Edad Media, después de que el cristianismo se convirtiera en la religión principal y la ideología romana estuviera más extendida. La iglesia prohibió oficialmente la adivinación y declaró la magia ritual como una herejía. Esto provocó el inicio de la caza de brujas en Italia y España durante la década de 1420. Los frailes instigaron un estado de pánico al hacer correr conspiraciones satánicas y culpar de todas las desgracias a la brujería y a sus practicantes.

El creciente poder de la Iglesia católica y del protestantismo desencadenó la segunda gran caza de brujas en Europa. Los protestantes apuntaron a todas las formas de brujería durante el siglo XVI, sugiriendo que las brujas eran engañadas por el diablo, lo que automáticamente provocó la respuesta de la Iglesia católica. Las acusaciones se intensificaron, dando lugar a la caza de brujas más despiadada de la historia.

La historia de la caza de brujas

Cuando pensamos en el período moderno temprano de Europa, inmediatamente pensamos en los grandes avances científicos y culturales que se produjeron en esa época. A pesar de los avances académicos y tecnológicos, el pueblo se volvió cada vez más intolerante desde el punto de vista religioso, ya que la histeria de las masas se abatió sobre el continente. Todo ello contribuyó a la trágica caza de brujas que asoló Europa entre 1550 y 1700. Los individuos no solo fueron acusados de brujería, sino que fueron ejecutados por ello.

La historia que hay detrás de la caza de brujas, también conocida como la "caza de las brujas", es muy profusa e intrincada. Sin embargo, se sugiere que las cuestiones sociales, los conflictos religiosos y las cuestiones de género y clase fueron quizás las fuerzas motrices de este horrible suceso histórico. Se cree que la ejecución y el tormento que sufrieron las supuestas brujas estaban estrechamente ligados a problemas particulares de la sociedad. En su mayoría fueron víctimas de planes políticos y religiosos.

Cuando surgió la moda de las brujas, Europa estaba muy dividida y atravesaba una crisis socioeconómica. En aquella época, la población europea crecía exponencialmente, presionando los pocos recursos agrícolas que tenían para sobrevivir. Los grupos religiosos estaban en guerra desde mediados del siglo XVI, en una época en la que Europa ya estaba asolada tras las guerras hugonotes y de los 30 años.

Nadie se había interesado realmente por la brujería, ni siquiera se había preocupado por ella (aparte de los que la practicaban, por supuesto), antes de finales del siglo XV. Esto cambió cuando Henricus Institoris publicó en 1485 el Malleus Malefic arum, que era un tratado sobre la brujería, llamando la atención de la gente. Este libro sirvió de guía completa para la caza de brujas y su persecución. Sin duda, dejó un gran impacto en los dos siglos siguientes de la manía de las brujas en Europa. El libro pretendía ofrecer una comprensión más profunda y una solución a los problemas que rodeaban a la brujería en aquella época. Investiga la naturaleza de las acusaciones de brujería, los juicios y la actitud de la sociedad hacia las mujeres. El libro sigue siendo uno de los sellos más destacados de la historia de la brujería.

El objetivo principal de la Iglesia era sustituir las creencias públicas por las cristianas. Sin embargo, al no conseguir erradicar las creencias populares del pueblo que normalmente seguía siendo medio pagano, se difundieron por todo el continente historias de terror sobre la alarmante práctica de la brujería y la potencia de la magia negra. En aquella época, mucha gente practicaba la medicina alternativa, que incluía el uso de amuletos y curas. Esta es la "magia" que las autoridades y la iglesia consideraban "sabia y no alarmante". Sin embargo, las prácticas mágicas no medicinales se consideraban hechiceras y, por tanto, heréticas en el siglo XV.

Los cristianos comenzaron a hacerse una idea de la brujería como concepto en ese momento, que abarcaba los cultos demoníacos y satánicos, las maldiciones, la magia negra perjudicial y los sabbats negros. Esto llevó a todo el mundo a creer que las actividades y prácticas religiosas populares, especialmente extendidas en las zonas rurales europeas, estaban asociadas a la brujería y al Diablo. Finalmente, los practicantes de la religión popular, considerada como una práctica satánica, fueron castigados y criminalizados. Lo que alimentó aún más estas creencias es que en estas zonas existían algunas prácticas mágicas maliciosas y generalizadas. Muchos individuos maldecían a otros, lo que era un comportamiento evidente de que existían brujas crueles.

Los individuos tolerantes y aceptantes del siglo XV decidieron tomar medidas. Cualquiera que no cumpliera con las creencias, sistemas de fe y prácticas religiosas estándar era marginado. También fueron aterrorizados y castigados por otros miembros de la sociedad (normalmente la élite). Durante el año 1500, existía la idea popular de que las brujas formaban parte de una conspiración y tenían como objetivo hacer daño a los cristianos. La gente creía que las brujas se habían aliado con el diablo para eliminar el cristianismo. Muchos de los grandes filósofos del Renacimiento estaban convencidos de los poderes del ocultismo y la magia, e instaron a la élite a tomarse el asunto en serio.

Los husitas y los cátaros, junto con otros grupos heréticos de la época, también fueron puestos a raya por la Iglesia antes de dirigir su atención a las brujas. En el siglo XVI, el pánico respecto a la brujería golpeó a Europa. Las acciones de la Iglesia eran secuenciales, siempre seguían un patrón claro de algún tipo. Por ejemplo, se producía un incidente que daba lugar a sospechas (normalmente infundadas) en torno a una persona o un grupo. Los individuos de clase baja, ya marginados y rechazados, eran los más vulnerables a las acusaciones, y eran el grupo objetivo de las alegaciones en torno a la brujería. Como es lógico, estas acusaciones se hacían sobre pruebas falsas. Los acusados eran torturados con la esperanza de sacarles una confesión antes incluso de ser juzgados.

De todos modos, los juicios rara vez eran justos. Incluso si se trataba de una acusación falsa, quienes eran acusados de brujería esperaban recibir una sentencia de muerte de inmediato. No sabemos con precisión cuántas personas murieron durante la caza de brujas europea. Sin embargo, se sugiere que al menos 40000 individuos fueron ejecutados debido a la caza de brujas. Cualquier persona considerada culpable era quemada viva, ahogada o ahorcada. Las autoridades afirmaban que matarlas bárbaramente era "una obligación", ya que servía de ejemplo para otras personas inclinadas a seguir los pasos de los herejes.

Los investigadores creen que la caza de brujas se produjo en dos oleadas, como hemos mencionado anteriormente. La primera fue para suprimir la herejía y, con el tiempo, se convirtió en una forma de acabar con los rivales políticos. Hacia la década de 1650, el objetivo no era tan explícitamente la brujería y la hechicería como antes, lo que condujo a una disminución del número de juicios por brujería.

La segunda oleada de la caza de brujas fue quizás provocada por la intensa rivalidad que existía entre las iglesias protestante y católica. Había una necesidad creciente por parte de ambos bandos de asegurar que la gente se ajustara a su religión. Las tensiones sociales resultantes de los cambios económicos y sociales, la inflación y la guerra también desempeñaron un papel en el impulso de estas cacerías porque la necesidad de mantener el control sobre el pueblo era más fuerte que nunca. La autoridad utilizó la caza de brujas para amenazar a las clases bajas, advirtiéndoles contra la rebelión. Las mujeres, por desgracia, fueron las principales víctimas. Aunque algunos hombres fueron acusados de brujería, las mujeres representaron el mayor número de acusaciones y ejecuciones porque cada vez había más mujeres solteras, lo que aumentaba las tensiones sociales.

El aspecto de las brujas

No creemos que exista una descripción sólida de las brujas celtas porque hacían lo posible por pasar desapercibidas, teniendo en cuenta que eran perseguidas. Sin embargo, se dice que las prácticas de culto a Dioniso incluían la bebida, los festines, los sacrificios de animales y las reuniones clandestinas en la civilización grecorromana. Horacio, Esquilo y Virgilio, entre los autores clásicos más populares, también representaron a las hechiceras y brujas ilustrando a las arpías, las furias y los fantasmas de rostro pálido, vestidos con ropas decadentes y con cabellos alocados. También sugerían que las brujas se reunían por la noche y realizaban sacrificios humanos y de animales. A finales del siglo XX, los cristianos también acusaron a las brujas de sacrificar niños.

Durante los periodos de caza de brujas, se realizaban prácticas brutales con las supuestas brujas. Solían pincharlas para averiguar si el diablo las había hecho indiferentes al dolor. También les buscaban la "marca del diablo", que se creía que era cualquier cosa que se pareciera a una verruga o lunar de aspecto extraño. También arrojaban a la supuesta bruja al estanque. Si el cuerpo se hundía, se consideraba inocente porque el agua lo aceptaba.

Paganismo vs. Brujería

Las creencias wiccanas comenzaron a recobrar popularidad durante la década de 1950. La recién percibida religión comenzó a ganar más tracción. Sin embargo, al no poder comprender lo que implicaba la práctica de la wicca, muchas personas confundieron el paganismo con el nuevo movimiento.

La brujería está muy asociada a la wicca, un sistema de creencias orientado a la naturaleza. Incluye rituales eminentes en la época precristiana. En cambio, los paganos, según la definición, son miembros de comunidades espirituales, religiosas o culturales. Su práctica gira en torno al culto a la tierra o a la naturaleza en general.

La wicca, como religión, se remonta a Gerald Brosseau Gardner y a Inglaterra en la década de 1950. Gardner pasó algunos años trabajando en Asia antes de publicar el libro *Witchcraft Today* (*La brujería hoy*) en 1954. Inició un movimiento basado en las tradiciones precristianas. Se basaba en tres aspectos principales: el respeto a la naturaleza, la magia y el culto a una diosa junto con otras deidades.

Las tradiciones y rituales precristianos conforman el movimiento neopagano actual. Tener un profundo respeto por la naturaleza es también un elemento significativo del paganismo. Este movimiento se remonta a la década de 1800, antes de ser remodelado en la década de 1960. Se convirtió en un renacimiento del culto a la fertilidad y a la naturaleza. Los paganos proceden de diversos orígenes de creencias que se centran especialmente en la igualdad y la naturaleza. Suelen adorar a numerosas deidades. Sin embargo, todo se reduce a las preferencias del practicante.

Significa que la wicca es diferente del paganismo, pero es un subtipo. Como ya sabe, hay muchos conceptos erróneos sobre lo que significa ser pagano o wiccano, y la gente suele mezclar ambos. Aunque técnicamente todos los wiccanos son paganos, no todos los paganos son wiccanos.

En resumen, los wiccanos actuales se consideran brujos actuales. El aspecto de la magia es lo que diferencia al paganismo de la wicca. Aunque la wicca es una subcategoría del paganismo, comparten los elementos centrales de la fertilidad, la naturaleza y la espiritualidad.

La respuesta a la antigua pregunta "¿es real la brujería?" depende de muchos factores, entre ellos las creencias personales y las connotaciones ligadas a su tiempo y lugar. Aunque no existe una definición sólida, una cosa es segura: la representación de la brujería en la literatura, el cine y el arte no es en absoluto representativa de la realidad.

Capítulo 5: Espíritus y deidades irlandesas

La mitología irlandesa abarca detalles de la antigua Irlanda y las historias de origen de deidades, héroes y reyes. Entre todas las ramas de la mitología celta, las antiguas creencias y la mitología irlandesa son las mejor conservadas. Estas antiguas creencias se transmitieron de generación en generación hasta la Edad Media, cuando los monjes cristianos comenzaron a escribir las narraciones y a colocarlas en registros históricos. Los relatos de las antiguas creencias y tradiciones irlandesas pueden haber evolucionado, pero las deidades y los personajes siguen siendo los mismos. La mayor parte del folklore y los cuentos irlandeses se clasifican cronológicamente en cuatro ciclos: el ciclo mitológico, el ciclo del Ulster, el ciclo fenicio y el ciclo histórico.

La importancia de las deidades, dioses y diosas varía mucho. Las Dindshenchas son una clase de literatura irlandesa temprana centrada en los orígenes de los personajes mitológicos irlandeses, los lugares y los acontecimientos geográficos relacionados. En comparación, la mayoría de los registros históricos dan gran importancia a los guerreros, héroes y líderes revolucionarios. Los primeros manuscritos y textos como el Dindshenchas hacen hincapié en la divinidad de los antepasados y las diosas. Estas deidades primigenias son consideradas como los ancestros de la región y están profundamente arraigadas en la soberanía de la tierra. Con atributos similares a los de los dioses griegos y romanos, las deidades primigenias irlandesas son seres inmortales que poseen diversos atributos que definen su carácter. Muchas deidades irlandesas presentan cualidades similares a las humanas, como la codicia, la ira, la debilidad, los celos, etc., mientras que otras están vinculadas a los fenómenos naturales de la tierra. Incluso hay deidades irlandesas que poseen la capacidad de transformar su aspecto físico.

En este capítulo, exploramos el reino de las deidades irlandesas, leemos sobre sus personalidades y comprendemos cómo trabajar con estas deidades y honrarlas.

Casi todos los dioses y seres sobrenaturales irlandeses están relacionados con los fomorianos, los Tuatha Dé Danann y los Fir Bolg. Los Tuatha Dé Danann mantuvieron una imagen positiva entre estos primeros descendientes, mientras que los fomorianos mostraban sobre todo características negativas, repugnantes y espantosas. Los Fir Bolg fueron la tercera raza que habitó la región, pero finalmente fueron derrocados por los Tuatha Dé Danann, aceptados como seres divinos o dioses con poderosas habilidades y capacidades sobrenaturales.

Según el folklore, los Tuatha Dé Danann eran percibidos como seres sobrenaturales competentes en la práctica del druidismo, la historia, la profecía y la magia. El libro de las invasiones, escrito por monjes del siglo XI, explica que los Tuatha Dé Danann eran seres divinos con forma de humanos que desaparecieron tras la llegada de los milesios. Algunos relatos dicen que los Tuatha Dé Danann eligieron el inframundo tras abandonar Irlanda, mientras que otros proponen que los Tuatha Dé Danann se mezclaron con los primeros antepasados irlandeses.

He aquí, sin más, algunas deidades, guerreros y seres espirituales clave del pasado mitológico de Irlanda.

Dagda

Dagda, o el dios bueno, es una deidad clave en la mitología celta y se presenta como un dios principal de los Tuatha Dé Danann. Se le considera una figura principal con características de influencia del druidismo, la realeza y la fuerza sobrehumana. La virilidad, la fuerza, la sabiduría, la fertilidad y la magia son atributos asociados a Dagda. Gobernaba como rey de los Tuatha Dé Danann y controlaba la vida y la muerte, el clima y la agricultura. Los relatos de Dagda de la mitología irlandesa lo describen como un gigante con barba que portaba un largo bastón llamado long mór y la capacidad de restaurar la vida. También llevaba un caldero sin fondo que nunca se quedaba vacío y un arpa llamada "Daur da Bláo", que le daba el poder de influir en las emociones y en el clima cuando la tocaba. Dagda se asocia a menudo con la famosa diosa celta Morrigan y es el padre de Angus, Bodb Derg, Midir, Brigid y Cermait. Puede reunir varias cosas alrededor de su altar para honrar a Dagda, incluyendo la ofrenda de mantequilla, carne de cerdo y cerveza de avena. A semejanza del caldero de Dagda, coloque un caldero en el altar y llénelo de productos y alimentos relacionados para expresar su gratitud. Como Dagda mostró compasión hacia los demás, puede honrarlo ayudando a otros o haciendo donaciones para demostrar su generosidad.

Morrigan

La esposa de Dagda, Morrigan, tiene muchos títulos como reina de los demonios, reina fantasma y diosa de la guerra. La reina poseía la capacidad de transformarse en cuervo y planear sobre el campo de batalla, así como la capacidad de predecir los resultados. Los relatos también cuentan que Morrigan tenía el poder suficiente para influir en el triunfo o la muerte durante una batalla. A pesar de estar asociada con la guerra y la batalla, Morrigan es tenida en alta estima por tener la realeza legítima de la tierra. Sus relatos del ciclo del Ulster la describen transformándose en una vaca o en un lobo. Algunas tradiciones neopaganas han pintado una imagen negativa de Morrigan al asociar su papel como destructora. Sin embargo, muchos estudiosos no están de acuerdo con esta representación y relacionan sus atributos con la soberanía y la generosidad.

La Morrigan es considerada una diosa triple, ya que diferentes textos se refieren a ella con nombres distintos. Algunos historiadores también sugieren que los tres nombres de Morrigan podrían ser tres personalidades diferentes con atributos similares. He aquí las tres personalidades asociadas a Morrigan.

Badb, la diosa de los cuervos

Badb es representada como una diosa feroz que influye en el campo de batalla. Puede transformarse en cuervo, aparecer como una anciana, influir en la destrucción y transmitir profecías. Su presencia se escucha como el batir de grandes alas sobre la cabeza. Badb está vinculada al aspecto de la diosa triple "Crone".

La diosa del sol, Macha

Macha se asocia a menudo con la maternidad, ya que está relacionada con la soberanía, el amor y la prosperidad. Las leyendas dicen que la unión de Dagda con Morrigan ayudó a la tierra, ya que concedió prosperidad a la zona tras la unión.

Nemain

Es la hermana de Badb y tiene atributos algo similares, que influyen en el campo de batalla. Nemain se traduce en una dosis de veneno, ya que puede causar caos, confusión y frenesí en el campo de batalla.

Estudie las características de la diosa de la guerra, las tres personalidades que se le atribuyen, para honrarla. Cuanto más estudie, más fácil le resultará trabajar con la deidad. Cuando monte el altar, concéntrese en colocar objetos vinculados profundamente con la herencia celta. Puede ofrecerle vino tinto, plumas de cuervo, hidromiel y alimentos rojos. Coloque en su altar su estatua o una imagen, incluyendo velas y artículos decorativos que representen animales como ciervos, cuervos y vacas. Las personas con un mayor grado de conocimiento y experiencia también realizan rituales de cambio de forma, magia con cuervos y trabajo de sombras para establecer una mejor conexión con la deidad.

Brigid

Era la hija de Dagda y venerada en el cristianismo como Santa Brigid. Según los relatos escritos, tiene dos hermanas llamadas Brighid, y cada una está asociada a una habilidad única. Las tres hermanas son vistas como una única deidad que posee aspectos de curación, agricultura, fuego, profecía y poesía. Las historias populares cuentan que Brigid poseía un manto verde que llevaba el poder de curar y consolar a los enfermos o angustiados. Imbolc es un festival que se celebra en honor a la diosa Brigid, y los devotos la honran para obtener sus bendiciones.

Para trabajar con Brigid, dedique un espacio a la deidad y hónrela con elementos sencillos como su representación, agua y velas. Cuando queme la vela, dedíquele la llama, ya que ella mantenía el fuego encendido en la antigüedad, y utilícela para conectar con ella. Cuando honre el aspecto curativo de Brigid, encuentre una fuente de agua natural y pida sus bendiciones.

Lugh

Lugh es una de las tres principales deidades de la mitología irlandesa y el hijo de Cian y Eithne. Los registros posteriores lo perciben como un guerrero y una figura histórica. Lugh era el jefe de los Tuatha Dé Danann y desempeñó un papel vital en la introducción de los aspectos civiles del periodo mitológico. Lleva el Sleá Luin Lugh, un tesoro sagrado, y tiene un sabueso que lucha junto a él durante la batalla. Es una deidad que todo lo ve y que posee varias características como artesano, guerrero, vidente y poeta.

Al honrar a los dioses y a las diosas, establecemos una relación para buscar sus bendiciones y su guía y conectar con ellos. Lea los textos antiguos para comprender la personalidad de la deidad Lugh, ya que ayudará a mantener la pureza del ritual. Lugh posee habilidades musicales y se siente atraído por la música y las expresiones relacionadas mientras reza. Puede ofrecer alimentos como pan, mantequilla, leche y frutas a la deidad para buscar bendiciones.

Angus

El dios del amor y la juventud, Angus o Angus, es el hijo de Dagda y la diosa Bion. Los cuentos populares lo describen en su búsqueda de una doncella. La historia cuenta que buscó por toda la región hasta que encontró a la doncella acompañada de otras 150 doncellas que debían convertirse en cisnes. La leyenda dice que Angus se transformó en cisne para estar con la doncella que adoraba. Angus es comparado con el dios galés Mabon ap Modron, que tiene una personalidad similar. El dios celta tenía un caballo con poderes mágicos para transportar una casa entera a cuestas. Llevaba un manto multicolor que solo reflejaba un color a la persona que se debatía entre la vida y la muerte.

Además de tener atributos de amor y juventud, Angus podía resucitar a los muertos utilizando su aliento de vida. Sus habilidades para cambiar de forma le permitían convertirse en un cisne y ser representado como un hombre joven.

Para honrar a Angus tradicionalmente, utilice productos lácteos como ofrenda. Los alimentos horneados, el queso, el hidromiel, el ave de agua cocida y la miel son otras ofrendas alimentarias que puede elegir.

Aine

Alabada como la diosa de la fertilidad, el amor, la soberanía, la protección y el cálido verano, Aine es una poderosa deidad con múltiples funciones como diosa del Sol y la Luna. Se cree que enseña a su pueblo el verdadero significado y la expresión del amor. Además de los atributos mencionados, Aine está asociada con la fertilidad, el ganado, la prosperidad, la abundancia y la riqueza. La dama del lago y la reina del miedo son dos nombres populares dados a Aine a lo largo del tiempo. La colina de Knockainy, en el condado de Limerick, está vinculada a la diosa. Junto con sus dos hermanas, Fenne y Grianne, se la considera una diosa triple y una entidad compleja con la que trabajar.

Durante el solsticio de verano, o *Litha*, la diosa está más presente y es una oportunidad para conectar con ella. El verano es lo más factible, ya que su presencia no se siente mucho en invierno porque es menos activa. Como diosa del amor, y de la fertilidad, tiene el poder de atraer o causar daño a un adorador no deseado.

Haga un espacio dedicado a la deidad en el altar e incluya piezas decorativas que representen un caballo, un cisne o un conejo. Colocar herraduras también es una buena opción a considerar. Incorporar música en los rituales ayuda a conectar mejor con la deidad, ya que ella toca el arpa. Las ofrendas alimentarias incluyen ultramarinos, granos, maíz, lavanda, miel y, en algunos rituales, sangre menstrual. La mayoría de las deidades, incluida Aine, se invocan mejor durante la luna llena porque se asocia con la maternidad de la diosa.

Nuada

Nuada fue el primer rey del pueblo Tuatha y uno de los padres fundadores de la región irlandesa. Era un hábil luchador, guerrero y cazador que llegó a Irlanda y reclamó la tierra a los Fir Bolg. Nuada perdió su brazo durante la batalla y quedó inhabilitado para ocupar un trono. Poseía una espada llamada la espada de la luz con una hoja lo suficientemente afilada como para dejar a sus enemigos por la mitad.

Prepare el altar y conecte con él ofreciendo los elementos básicos de aire, agua y fuego. Como la deidad está especializada en la guerra y el armamento, puede buscar bendiciones para mejorar el valor, la determinación y la orientación para hacer justicia.

Goibniu

Conocido como el dios herrero de los Tuatha Dé Danann, Goibniu también posee cualidades hospitalarias. Fue el primero en trabajar con metales y fabricó armas para su pueblo. La mayoría de los textos sugieren que trabajó junto a sus dos hermanos. Hizo un brazo de plata para Nuada. Además de sus habilidades como herrero, poseía una vaca que producía grandes cantidades de leche. Goibniu es una deidad que preparaba festines para los dioses, y sus comidas preparadas, cuando se ofrecían a los guerreros o a los enfermos, los protegían y curaban de la decadencia y la enfermedad.

Danu

Danu es una diosa madre del pueblo Tuatha y un ancestro de la región irlandesa. La diosa está vinculada a la fertilidad, la sabiduría, la regeneración y la fuerza, pero los primeros textos mitológicos disponen de una literatura limitada sobre Danu. Fue percibida como un personaje importante por los eruditos modernos que escribieron textos después de la introducción del cristianismo en Irlanda. La diosa celta es descrita como una mujer hermosa y era la madre divina del pueblo.

Mannan Mac Lir

Conocido como el dios del mar, Mannan Mac Lir es un popular dios celta que gobernaba los mares y era venerado como el maestro de las ilusiones. Mannan Mac Lir fomentaba sus bendiciones y pertenencias a Lugh. He aquí una pequeña lista de sus posesiones:

- Un corcel llamado Finbar que podía viajar por tierra y mar.
- Una embarcación llamada *barredora oceánica* que viajaba según los pensamientos de quien navegaba y no requería velas, ni ancla, ni el equipo pertinente para navegar la embarcación.
- El manto de niebla cambiaba de color según el estado de ánimo de su portador. Las historias cuentan que la capa emitía sonidos similares a los de un trueno cuando Lir se enfadaba.

Otras pertenencias eran una espada lo suficientemente afilada como para cortar una armadura y una lanza.

El pueblo manés consideraba a Mannanan con gran honor y buscaba sus bendiciones. Ofrecen al dios juncos como tributo durante el solsticio de verano.

Balor

Es un miembro de los fomorianos y una figura llamativa. La mayoría de los dioses fomorianos tienen un carácter negativo y poseen poderes destructivos. A Balor se le representa con cuerpo humano y cabeza de cabra. En la frente tiene un tercer ojo que puede causar estragos en todo lo que esté a su alrededor. Una leyenda sugiere que cuando Lugh lo mató, Balor cayó boca abajo en el suelo y su ojo maligno estaba abierto, lo que creó un profundo agujero en la tierra. El lago del ojo en Co Sligo se conoce como el agujero hecho por el ojo maligno de Balor.

Eithniu

Eithniu era la madre de Lugh y la hija de Balor y fue encerrada porque predijo que su hijo Lugh mataría a Balor. Las historias sugieren que fue rescatada y dio a luz a tres hijos, uno de los cuales era Lugh. Balor intentó ahogar a los tres niños, pero Lugh sobrevivió y fue criado por el dios del mar Mannanan.

Cú Chulainn

Cú Chulainn es una poderosa deidad de la que se habla en el ciclo del Ulster. Es un luchador heroico y reconocido como el mayor guerrero de la región durante su época. Se cree que Cú Chulainn es un semidiós con habilidades sobrenaturales. Tenía una capacidad atlética sin parangón y podía incluso manejar pociones sedantes que una persona normal tardaría un día en superar. La rabia que mostraba durante la batalla le hacía imbatible. Cú Chulainn utilizaba una resortera llamada Gae Bolga, similar a una lanza cubierta de espinas mortales.

La fuerza que poseía Cú Chulainn estaba limitada por dos reglas que debía seguir en todo momento. Tenía prohibido comer carne de perro y debía aceptar siempre la comida ofrecida por una mujer. Los textos antiguos lo describen como un hombre joven e imberbe, popular entre las mujeres por su belleza.

Ogma

Oghma es otro miembro de los Tuatha Dé Danann asociado a la inteligencia, el aprendizaje y la expresividad. Además de estas sorprendentes habilidades, Ogma era un gran guerrero y luchaba codo con codo con Lugh. Se le representa con largas cadenas de oro y ámbar atadas a su lengua que persiguen a los seguidores. Inventó e introdujo la escritura en la región irlandesa. Como guerrero, Ogma poseía una espada que llevaba la cuenta de sus esfuerzos heroicos y podía recordarlos cuando lo ordenaba.

Clíodhna

Tenía muchas caras y se la llamaba sirena, reina de las hadas y bruja. Clíodhna era la reina de las banshees y estaba vinculada a la belleza y al amor. Poseía un poder encantador para curar a los enfermos. Tres pájaros viajaban con la diosa y cantaban canciones que podían curar a cualquiera. Los relatos mitológicos escritos dicen que quien escuchaba las canciones entraba en un estado de sueño profundo y se despertaba totalmente recuperado de la enfermedad.

Un mito famoso sobre la diosa es que se enamoró de un hombre mortal llamado Siobhan y quiso abandonar el inframundo para estar con su amante. Sin embargo, los otros dioses la atrajeron al sueño y la enviaron de vuelta al otro mundo. Representada como una reina de las banshees, vivió en el condado de Cork junto a otras hadas y se convirtió en banshee cuando murió un antepasado irlandés. En algunos textos se cree que Clíodhna se convirtió en bruja tras la difusión de la iglesia.

Trabajar y conectar con Clíodhna puede ser una experiencia mágica y única para las personas que practican el paganismo. Empiece por leer y comprender las historias, leyendas y cuentos populares de la diosa. Su representación en el altar es necesaria junto a artículos como conchas marinas, madera a la deriva, dientes de tiburón, plantas, piedras y elementos relacionados. Puede ofrecerle frutas, verduras, pasteles, hidromiel y agua como ofrenda.

Capítulo 6: Espíritus y deidades galesas

La mitología es un aspecto importante de la vida por varias buenas razones: constituye una parte importante de nuestro patrimonio. La mitología siempre nos recuerda quiénes somos, a dónde pertenecemos y de dónde venimos, independientemente de nuestra ubicación geográfica o de lo que hayamos conseguido en la vida. Cada cultura y civilización tiene su conjunto único de mitología, leyendas y cuentos populares. Es increíblemente sorprendente cómo estos mitos tienen mucho en común y actúan como fuerza unificadora, aunque cada uno de ellos cuente historias diferentes y comprenda deidades y personajes distintos. Todos nuestros antepasados utilizaron los cuentos populares y la mitología para dar sentido al mundo que les rodeaba, regenerar su sentido de propósito y establecer un sistema.

Pero, ¿qué es exactamente la mitología? Por definición, la mitología es una verdad a medias o una ficción completa que constituye un aspecto de una ideología. Es un relato histórico que explica las tradiciones asociadas a una cultura, una civilización o un grupo determinado. Estos mitos son típicamente cosmológicos y abarcan acontecimientos e incluso batallas entre las deidades. Algunas culturas también tienen una mitología mundana que gira en torno a personas normales que tienen una experiencia sobrenatural. La mitología ha servido como piedra angular de la narración de historias durante siglos.

La mitología es un aspecto significativo de la vida por otra razón muy importante, y actúa como bloque de construcción para muchas religiones. También son un fundamento para muchas cuestiones y temas morales. Por ejemplo, la mayoría de los mitos y cuentos tratan de la lucha entre el bien y el mal. Todos los mitos y rituales cuentan historias; el protagonista se embarca en un viaje que le enseña la moral y los valores personales necesarios para superar los obstáculos o derrotar al antagonista. Como *La odisea*, algunas leyendas y cuentos son tan grandes que se han convertido en clásicos literarios para que el mundo entero los disfrute y aprenda de ellos.

Si lo piensa, la mitología sigue desempeñando un gran papel en nuestras vidas. Además de las normas culturales y las tradiciones por las que vivimos o los dichos incrustados en nuestra cultura, la mitología se remodela y adopta una nueva forma cada día. Por ejemplo, uno de los ejemplos más populares de mitología moderna son los cómics. Desde la creación de *El hombre araña* en 1962, la historia que rodea el incidente de Peter Parker al convertirse en el renombrado hombre araña se ha transmitido de una generación a otra. Algunos cómics y cuentos de fantasía se basan incluso en la mitología antigua real. Por ejemplo, Thor se inspira en la mitología nórdica, mientras que *Las crónicas de Narnia* engloba personajes derivados de la mitología romana y griega. Otros ejemplos, como la serie de *Harry Potter* y *El hobbit*, se han convertido en grandes ejemplos de la mitología moderna.

Este capítulo abarca muchas de las deidades y espíritus galeses más destacados. Aprenderá sobre ellos y sus historias y descubrirá la importancia de la mitología galesa en la actualidad y su influencia en el mundo moderno.

Deidades galesas

Hay más de 36 deidades destacadas en la mitología galesa, pero nosotros abarcaremos las más significativas. Como recordará del capítulo 4, muchas deidades galesas estaban muy extendidas entre todos los celtas. También hay dioses y diosas equivalentes en la mitología irlandesa, escocesa e inglesa. Puede que también recuerde a Rhiannon, Pryderi, Branwen, Bran, Manawydan y Gwydion de los cuentos de las Cuatro Ramas de los Mabinogi.

Las diosas

• Aeronwen

Mucha gente cree que Aeronwen es la versión galesa de la diosa protocelta Agrona y de la diosa irlandesa Morrigan. Aeronwen es una diosa galesa y está profundamente relacionada con el destino. Agrona era la diosa de la guerra, y la conexión con Aeronwen es fácil de ver. Ambas determinan cómo se desarrollará una batalla, cada una a su manera. Como ocurre con la mayoría de las deidades que determinan cómo se desarrollará su vida, se hacían muchos sacrificios a Aeronwen. Un campo de batalla, el número tres y el color negro se asocian comúnmente con Aeronern.

• Blodeuwedd

Blodeuwedd era la esposa de Lleu Llaw Gyffes (hijo de Arianrhod). La mayoría de los conjuntos de deidades tienen dioses embaucadores, y esa podría haber sido Blodeuwedd. Le gustaba engañar a la gente, engañarla cuando podía e ir en contra de su palabra; incluso conspiró para matar a su marido. En los tiempos modernos, se la considera un faro de la independencia femenina, la diosa que se opuso a que las mujeres se vieran obligadas a contraer un matrimonio sin amor. Aquellas que estén solteras o en relaciones amorosas acudirán a Blodeuwedd en busca de ayuda.

• Arianrhod

Aunque no sabemos mucho sobre Arianrhod, se encuentra entre las deidades galesas más populares. Su nombre se traduce como "rueda de plata", un símbolo de la luna y por eso es la diosa galesa de la luna. Don es la madre de Arianrhod, y Lleu Llaw Gyffes y Dylan ail Don (los gemelos) son los hermanos de Arianrhod.

• Branwen

La deidad Branwen es conocida por su belleza. Es la hija de Llyr y Bran y la hermana de Manawydan. Se encontró en un matrimonio sin amor con un compañero que la maltrataba. Gracias a la ayuda y la fuerza de su familia, pudo liberarse de su vínculo matrimonial. Para salvarla, hubo que hacer sacrificios, y la leyenda cuenta que se produjo una gran guerra en la que murieron casi todos. Solo sobrevivieron las mujeres embarazadas. Sintiéndose culpable y con el corazón roto, Branwen también muere. La deidad es considerada una "protectora de las mujeres maltratadas". También es la diosa de los matrimonios sanos y nutritivos y del amor verdadero.

El periodo de Bedd Branwen fue un período de tiempo que abarca desde el 1650 a. C., hasta el 1400 a. C., parte de la Edad de Bronce. Cuando se registraron las orillas del río Alaw, se encontró una tumba en ruinas, y se creyó que esta tumba pertenecía a Branwen. Esto da más credibilidad a que Branwen sea una persona real.

• Rhiannon

Rhiannon es la diosa galesa de los caballos y la fuerza. Es un tema de gran interés en los Mabinogi y otra mitología galesa. El fae es un lugar espiritual donde se dice que habitan deidades, espíritus y otros seres. Antes de que llegara a nuestra tierra, Rhiannon era una habitante de los faes, algunos sugieren que era una princesa del mundo fantástico. Se cuentan muchas historias sobre Rhiannon. Abandonó la lejanía para casarse con Pwyll, un gran héroe del mundo humano. Le robaron el bebé y la culparon durante muchos años hasta que, más tarde, regresó a los faes para demostrar su inocencia.

Rhiannon no rehuyó su destino ni se enfrentó a sus problemas, y esto sirve de inspiración a las mujeres (y a todos los demás) de todo el mundo. A menudo montaba a caballo, y el caballo se ha convertido en un símbolo que se asocia estrechamente con la deidad. Debido a la trágica historia de su hijo, se ha convertido en un símbolo de maternidad, fuerza y amor. A menudo se reza a ella cuando la gente está entrando en el matrimonio, buscando más en la vida, o queriendo saber lo que está por venir.

• Cerridwen

La diosa galesa Cerridwen es popular entre muchas brujas y neopaganos actuales. Es herbolaria, bruja y guardiana del caldero del conocimiento. Cerridwen es también una diosa lunar que cambia de forma. Afagddu y Crearwy eran hijo e hija de Cerridwen, y su marido era un gigante. Cerridwen elaboró una poción para Afagddu, otorgándole un conocimiento muy superior al de cualquier otra persona. La magia no solo procedía de la poción: Cerridwen era extremadamente experta y se lo transmitió a su hijo. Se reza a ella por el conocimiento y la sabiduría o cuando se realiza magia.

• Modron

En la Rueda Celta del Año, Modron está asociada con el equinoccio de otoño, conocido como Mabon (el Niño Divino). Es la Gran Madre del Niño Divino. Muchos afirman que Modron y Rhiannon son las mismas deidades, teniendo en cuenta las similitudes de sus historias. Por ejemplo, el niño de Mabon fue secuestrado en medio de la noche, solo para ser devuelto después de soportar tanto castigo y sufrimiento.

Los dioses

Arawn

Annwn es el inframundo o el otro mundo, y Arawn es el rey de este mundo, que lo protege y pastorea las almas que lo cruzan. Hay una historia en la que Arawn paga una fechoría intercambiando cuerpos con el mortal Pwyll, un gran héroe humano. Aunque debió ser degradante para una deidad cambiar de forma con un humano mortal, acabaron haciéndose muy amigos. Cuando el cristianismo arrasó la tierra de Gales, deshaciéndose de las "viejas costumbres", el título de "dios" le fue revocado a Arawn. La caza siempre ha sido importante en la mitología celta, y muchos dioses participaron en la gran cacería. Arawn surcó los cielos con los demás cuando comenzó la cacería, y se ha asociado estrechamente no solo con la caza, sino con el festín que viene después de la cacería.

Bran

Bran es conocido popularmente como el dios galés bendito. Era un dios celta cuyo nombre se traduce como "cuervo". Mucha gente afirmaba que era un héroe bondadoso y un gigante. También se dice que fue deificado después de su muerte. Muchas leyendas lo ilustran como el hijo de Llyr (el poderoso dios del mar). El dios Manawydan y la diosa Branwen eran sus hermanos. Bran murió tras una brutal batalla; pidió a sus hermanos que lo decapitaran para poder llevar su cabeza al reino. La cabeza se comunicó con sus hermanos hasta que la pusieron en una colina donde se encuentra la actual Torre de Londres. La cabeza estaba destinada a mirar hacia Francia para cuidarse de cualquier peligro potencial. Si alguna vez los cuervos se van, la cabeza ya no estará protegida y el país podría caer en peligro.

Mabon

Mabon es la fiesta celta que celebra la llegada del otoño, el equinoccio otoñal. Mabon es también un dios y recibe el nombre de esta fiesta en esta época del año. No solo se conoce a Mabon en otras mitologías y religiones con diferentes nombres, sino que en la mitología celta se le conoce con muchos nombres diferentes. Es el Hijo de Modron y se le considera el dios de la juventud y del renacimiento. Como hemos mencionado anteriormente, Mabon fue secuestrado de su madre cuando solo tenía tres días de vida. El rey Arturo desempeña un gran papel en la mitología y la historia de Gran Bretaña. Cuando Mabon se convirtió en un hombre, los caballeros de Arturo lo salvaron. Es un hombre viejo pero joven al mismo tiempo, a caballo entre ambos, y está más presente en el equinoccio, cuando la noche y el día tienen la misma duración. Mabon monta su caballo con su sabueso a su lado, protegiendo los pulsos de la naturaleza.

Hafgan

¿Qué sería de un conjunto de deidades sin un complot para matar a otro? ¿Recuerda cuando explicamos que Arawn cambió de cuerpo con Pwyll? Hafgan siempre fue un rival de Arawn, y este aprovechó su oportunidad para eliminar a Hafgan cuando se produjo el cambio: Arawn pidió a Pwyll que asesinara a Hafgan. Tras el éxito de Pwyll, Arawn se hizo con el trono y unió los reinos en un único otro mundo.

Manawydan

Hijo de Llyr, esposo de Rhiannon y hermano de Branwen y Bran. Manawaydan se confunde a menudo con el dios Manannan Mac Lyr, el dios del mar de la isla de Man que, comparten algunas similitudes claras. Manawaydan ayudó a asegurar la cabeza de Bran en la Torre de Londres. Este dios celta galés se amplía en dos de las ramas de los Mabingoni. La tercera rama cuenta que salvó a Rhiannon de una maldición. No hay pruebas sólidas de que Manawaydan fuera un dios del mar. También fue representado como uno de los caballeros del rey Arturo en algunas leyendas artúricas.

Trabajar con las deidades y atraerlas a su vida

Las deidades son tan relevantes hoy como lo fueron en el pasado. Son figuras espirituales prominentes y sus relatos han tenido un impacto significativo en el mundo actual (más adelante se hablará de ello). Trabajar con ellas y atraer su energía a su vida puede ayudarle a mejorar su práctica espiritual. A continuación, le presentamos algunas formas de conectar con cada deidad celta galesa; quizá desee colocar elementos importantes en el altar:

- **Arawn**

Reserve algo de tiempo en el solsticio de invierno, cuando la noche es más larga. La energía de Arawn es probable que atraiga a los dueños de perros o a los que les gusta cazar.

- **Mabon**

Hay que honrar especialmente a Mabon cuando el día y la noche están equilibrados en el equinoccio de otoño.

- **Manawydan**

Para honrar a Manawydan, recuerde que ayudó a asegurar la cabeza de Bran y que estaba estrechamente relacionado con el rey Arturo. Busque objetos que puedan representar alguno de los dos o ambos.

- **Rhiannon**

Puede colgar ilustraciones de pájaros y caballos cerca de su altar y también incorporar sus colores: verde, morado y blanco.

- **Aeronwen**

La diosa galesa de la guerra aprecia los objetos de batalla; puede colocar un pequeño cuchillo u otra arma en el altar. El negro es un color en el que centrarse. También puede incorporar el número 3 en su altar.

- **Arianrhod**

Adore a la diosa lunar Arianrhod en la luna llena. Puede colgar fotos o cuadros de la luna alrededor de su altar o en su casa para honrarla.

- **Branwen**

Branwen fomenta el matrimonio lleno de amor, y el amor en general. Puede colocar fotos suyas y de sus seres queridos, flores (pertenecientes al amor y no a la muerte o la tristeza) y un espejo (para reflejar sus emociones felices y su belleza).

- **Cerridwen**

Si desea una atracción significativa de la energía de Cerridwen, debe utilizar un caldero. Asegúrese de dedicar este caldero a ella, y no lo utilice nunca si no está trabajando con su energía.

- **Modron**

Honre a este dios en el equinoccio de otoño. A esta deidad le encantan las manzanas y se le puede pedir ayuda con los problemas relacionados con la maternidad.

El impacto de los Mabinogi y la mitología galesa

Hasta el día de hoy, la mitología desempeña un gran papel en la historia y la cultura galesas. La bandera nacional de Gales tiene incluso la imagen de un dragón rojo, Y Ddraig Goch, considerada la criatura mitológica de Gales.

Como probablemente ya sepa, *El Mabinogi* se considera la fuente más destacada de cuentos populares y mitos. Abarca un total de 11 cuentos que se remontan a la Edad Media. El autor del Mabinogi es anónimo, pero los cuentos se han transmitido de una generación a otra. Dado que la narración es una tradición oral, cada narrador o grupo añadía su propia versión de los cuentos hasta que finalmente fueron escritos en la lengua galesa media y conservados en *El Libro blanco de Rhydderch* entre 1300 y 1325. Los mitos también se escribieron entre 1375 y 1410 en *El Libro rojo de Hergest*.

Estas historias trataban sobre los problemas y adversidades de las familias reales galesas, las plagas, un emperador romano, viajes, caballos blancos y criaturas místicas. Sin embargo, estos libros no se tradujeron al inglés hasta el siglo XIX. Una mujer de Lincolnshire se interesó por la lengua galesa y tradujo los cuentos al inglés. Poco después, llegaron a toda Europa y al resto del mundo.

Lady Charlotte Guest, la esposa del propietario de la herrería Dowlais, reunió los cuentos y los tituló *El Mabinogion*. Sin embargo, mucha gente pensó erróneamente que este título era el plural de la palabra *Mabinogi*. Un profesor emérito de la Universidad de Cardiff, Sioned Davies, tradujo el Mabinogion al inglés. Lo incorporó a los Oxford World Classics y continuó estudiándolo y enseñándolo durante la mayor parte de su vida.

El Mabingoni y el *Mabingonion* son de autores diferentes y fueron creados en épocas distintas, aunque todos fueron recogidos por Lady Charlotte Guest en una fecha conocida. Como hemos comentado, Las Cuatro Ramas del Mabingoni abarca la estructura y los matices de la mitología celta, incluyendo imágenes y conceptos como los caballos blancos, el cambio de forma y otros mundos mayores.

Las Cuatro Ramas incluyen las historias de Pwyll, príncipe de Dyfed, Branwen, hija de Llŷr, Manawydan, hijo de Llŷr, y Math, hijo de Mathonwy. Estos, junto con los otros siete cuentos, fueron recogidos en *El Mabinogion* por Lady Charlotte Guest. El Mabinogion, especialmente *Las Cuatro Ramas del Mabingoni*, influyó significativamente en la cultura y la literatura galesas. Piense en ellos como los Chaucer y Shakespeare de la literatura inglesa. Muchos elementos de estos cuentos se ven también en obras de importancia internacional, como *La guerra de las galaxias* y las obras de *Doctor Who* y *JK Rowling*.

Las Cuatro Ramas del Mabingoni se consideran más inspiradoras que la leyenda artúrica porque son más relacionables con el mundo actual porque tienen temas destacados como la amistad. Sus personajes son más relevantes para la actualidad.

Las obras también han sido traducidas a numerosos idiomas, como el húngaro, el alemán y el francés. La traducción inicial de Lady Guest permitió al mundo ver la grandeza de *El Mabinogion*. Desde entonces ha tenido un gran impacto en el paisaje cultural y en los cineastas, escritores, músicos y artistas. Algunos ilustradores como Alan Lee y Margaret Jones se interesaron por ilustrar los cuentos, mientras que artistas como Iwan Bala realizaron pinturas inspiradas en ellos. Junto con otros escritores, Jenny Nimmo también se inspiró profundamente en *El Mabinogion*. El impacto de los cuentos pudo verse en obras como *La trilogía Los magos y La araña de nieve*. Una ópera nacional galesa llamada El sacrificio también se basó en *La*

Segunda Rama del Mabinogi. Escritores de renombre como Gwyneth Lewis, Owen Sheers, Russell Celyn Jones y Fflur Dafydd también trabajaron en una narración moderna de los cuentos a cargo de Seren Books, que fue una de las últimas adaptaciones.

Hay numerosos dioses y diosas galeses con cuentos notables. Invocarlos como parte de su práctica espiritual puede enriquecer su experiencia. Sus relatos han influido en el panorama cultural y han repercutido en las obras de numerosos cineastas, escritores, músicos y artistas. La mitología es increíblemente importante porque ha sido una forma pura de contar historias y una fuente de entretenimiento y educación desde el principio de la humanidad. A todos nos gusta escuchar y contar buenas historias, sean mitológicas o no.

Capítulo 7: Paganismo y druidismo en la actualidad

Dada la proliferación de las religiones monoteístas, seguida del secularismo generalizado en la mayoría de las sociedades, se le perdonaría a uno creer que el paganismo y el druidismo siguieron el camino de otras prácticas y creencias antiguas, desapareciendo para siempre en el éter. Sin embargo, es difícil eliminar por completo las religiones que han durado más de dos milenios. Por lo tanto, el paganismo y el druidismo siguen con nosotros hoy en día y han arraigado en sus encarnaciones modernas en varios países, concretamente en Occidente. No han desaparecido. Al contrario, muchas de las creencias y tradiciones centrales han calado en la cultura de tal manera que muchos pueden no darse cuenta del origen de esta tradición.

Simultáneamente, desde hace unas décadas se ha producido un renacimiento constante del paganismo y el druidismo, con nuevos adeptos que adoptan estas prácticas ancestrales en masa. Aunque los seguidores siguen siendo parte de un movimiento religioso bastante nicho, los números están creciendo. Las cifras y estadísticas exactas no están fácilmente disponibles, pero dado el creciente mercado de libros sobre el tema y las tiendas dedicadas a este "género" de magia, es fácil concluir que su popularidad va en aumento. Además, como se ha mencionado anteriormente, las costumbres de los druidas y los paganos están difundidas en toda la cultura y nunca han desaparecido del todo. Este capítulo dedicará tiempo a comprender cómo el paganismo y el druidismo toman forma en la actualidad.

Más que una simple fiesta

Muchas de nuestras fiestas más populares en la actualidad, o las formas específicas en que se celebran, tienen raíces paganas. Un ejemplo famoso es la Navidad. Por supuesto, la intención de esta fiesta es celebrar el nacimiento de Cristo, que es lo más alejado que se puede estar de las creencias paganas o druidas. Sin embargo, hay muchas pruebas históricas de que la Iglesia católica rehízo el solsticio de invierno pagano para atraer a la gente al cristianismo, y las tradiciones judeocristianas y paganas se han entretejido en la fiesta. Se desconoce la fecha exacta del nacimiento de Jesús, y no hay pruebas en la Biblia cristiana. El 25 de diciembre es una fecha aleatoria hasta que uno se da cuenta de que muy probablemente coincidió con muchas festividades que los paganos realizaban para celebrar el solsticio de invierno. Fue una intervención inteligente por parte de la iglesia para destetar suavemente a los paganos de sus prácticas religiosas y hacer que la nueva religión fuera más relatable y aceptable.

El siguiente, por supuesto, es Halloween. A diferencia de la Navidad o el solsticio de invierno, Halloween ha conseguido conservar gran parte de su carácter original. Tanto es así que muchos creyentes estridentes de las principales religiones monoteístas dirán que la celebración de Halloween es malvada y no tiene cabida en la vida cotidiana de los cristianos ni de los demás. Halloween, o Víspera de Todos los Santos, tiene su origen en la fiesta pagana de Samhain, que tiene lugar el 31 de octubre, y es un momento para honrar a los muertos. También se considera tradicionalmente un día espiritualmente desconcertante en el que la frontera entre nuestro mundo y el siguiente está en su punto más débil y poroso. Esta fiesta y muchas de las tradiciones que la acompañan son tan poderosas que los no paganos siguen celebrándola desde hace miles de años. Su popularidad ha seguido creciendo con el tiempo a escala mundial, manteniendo vivo un elemento vital de la religión pagana.

Por supuesto, la Pascua es otro excelente ejemplo de una fiesta con claras raíces paganas asumida para acomodarse mejor a las sensibilidades de una creciente población cristiana y de la poderosa iglesia. La Pascua es una encarnación más moderna del solsticio de primavera, y todo, desde la imagen del conejo de Pascua hasta el acto de encontrar huevos en un bosque, tiene profundas raíces en una cultura pagana.

Aparte de las principales fiestas, hay montones de tradiciones y supersticiones mundanas a las que nos hemos aferrado durante miles de años, aunque deriven de las creencias de paganos y druidas. Por ejemplo, nuestra singular obsesión por los gatos y todo lo que simbolizan tiene raíces en las creencias paganas, al igual que golpear madera para alejar la mala suerte o llevar coronas de flores en un festival de música de primavera. Todas estas son cosas con raíces paganas y creencias sagradas con una larga historia que continúa con nosotros hoy en día.

Neopaganismo

Muchas prácticas religiosas de los paganos, los druidas y otras religiones politeístas han revivido en los últimos años. Esta especie de "resurgimiento" se ha denominado neopaganismo, está en auge y presenta una forma clave en la que el paganismo y el druidismo han permanecido con nosotros. Al mismo tiempo, referirse simplemente a estas diversas tendencias de la espiritualidad como neopaganismo no reconoce los diferentes matices.

El neopaganismo se diferencia de estas diferentes prácticas en que se esfuerza por revivir auténticos rituales de la cultura antigua, a veces de forma aparentemente extraña o deliberadamente restauradora. Hoy en día, la mayoría de los individuos con sentimientos románticos hacia la naturaleza o que poseen profundas preocupaciones ecológicas se dirigirán al neopaganismo y a todos los rituales dramáticos y vibrantes que lo acompañan como la personificación misma de la naturaleza y la vida. Los días sagrados paganos y los motivos generales son fuentes de inspiración para los neopaganos y garantizan la pervivencia de elementos centrales en la vida de paganos y druidas.

Gran parte del neopaganismo tiene sus raíces en el movimiento romántico del siglo XIX. Incluso organizaciones como la Orden Druida Británica tienen su origen en él, aunque afirmen tener un linaje más antiguo. Además, en lugar de centrarse únicamente en las costumbres de los paganos de Europa Occidental, los neopaganos son conocidos por adoptar otras tradiciones, como el Antiguo Egipto o las religiones africanas politeístas. Esto pone de manifiesto que decir que el neopaganismo es una extensión de las antiguas tradiciones paganas es una simplificación excesiva. No obstante, demuestra que algunas prácticas centrales siguen vivas y en buen estado hoy en día a través de este renacimiento de las antiguas prácticas espirituales.

El neopaganismo, tal y como se practica hoy en día, también tiene un lado oscuro. Hay bastantes grupos neopaganos asociados con el nacionalismo extremo, influenciados por individuos como Hitler, que creía profundamente en algunos rituales paganos que representaban la supremacía blanca. Incluso antes de la Segunda Guerra Mundial, ciertos grupos neopaganos expresaban sentimientos antisemitas y profundamente racistas, aunque, podría decirse que gran parte del neopaganismo contemporáneo es un subproducto de la década de los sesenta. Así pues, la gran mayoría de los neopaganos no adoptan del todo creencias negativas, sino que están más influenciados por el psiquiatra Carl Jung y el escritor Robert Graves. Amaban la naturaleza y no les interesaba en absoluto el nacionalismo de ningún tipo.

Muchos neopaganos quieren aclarar hoy en día que no deben confundirse con los wiccanos. Es fácil confundir ambas prácticas espirituales, ya que estos grupos honran las antiguas tradiciones en igual medida, pero sus actitudes y creencias varían considerablemente. La wicca es una forma de brujería contemporánea, y la brujería es solo un pilar del paganismo. Por lo tanto, la wicca es una tradición de la cultura pagana y fue fundada originalmente por Gerald Gardner en la década de 1950, pero no es en absoluto lo mismo que el paganismo. Esto se explicará con más detalle en la siguiente sección.

La wicca y la Regla de los Tres

"Si no hace daño a nadie, haz lo que quieras". ¿Le suena este adagio? Si es así, entonces está más al día en la comprensión de la Wicca contemporánea de lo que cree. Este dicho forma parte de la Rede Wicca, que, en esencia, es una declaración que proporciona el sistema moral clave en la religión wicca. Aunque otros neopaganos pueden identificarse con la rede, esta constituye principalmente la columna vertebral de la wicca moderna y de otras creencias relacionadas basadas en la brujería.

La palabra "rede" significa "consejo" o "asesoramiento", lo que tiene sentido cuando se piensa en las implicaciones que hay detrás de este verso. Su objetivo es guiar a la bruja moderna para que utilice su magia sin hacer daño a los demás.

Llegados a este punto, probablemente se esté preguntando cómo se definen los wiccanos y cómo ven su relación con el paganismo antiguo y el druidismo. Aunque son una religión distinta y tienen su propio conjunto de prácticas y principios, los wiccanos se toman en serio los antiguos rituales y oraciones de los paganos. Han incorporado muchas facetas de ese sistema de creencias al suyo propio. Sin embargo, sus orígenes son muy modernos, y la forma en que ha entrado en la corriente principal es bastante específica de su historia.

Tal y como la conocemos hoy en día, la wicca parece ser o bien una religión hiperfemenina y Nueva Era con legiones de seguidoras, o bien algo más parecido a los adolescentes aterradores que aparecen en la película de culto de los años 90 Jóvenes brujas. Por supuesto, la wicca no se parece en nada a estos estereotipos comunes, aunque tengan cierta familiaridad. La religión se desarrolló en Inglaterra durante la primera mitad del siglo XX y fue introducida al público en 1954 por Gerald Gardner, que, irónicamente, era un funcionario británico jubilado. A pesar de su ocupación abotonada durante el día, Gardner cultivó un profundo aprecio por el paganismo y varios rituales antiguos, inspirándose en sus estructuras teológicas y prácticas para crear su giro del siglo XX en la religión.

Dado que la wicca no posee una figura central de autoridad, ni cree en lugares de culto centralizados como una iglesia o una sinagoga, ha habido un considerable desacuerdo sobre lo que constituye la wicca. Sus raíces han sido siempre objeto de debate, para bien o para mal, lo que dificulta que mucha gente aprecie plenamente lo singular que es esta religión.

En términos de teología, la wicca es una religión puramente dúoteísta, que adora a una diosa y a un dios. Estos seres superiores son vistos típicamente como la diosa triple y el dios cornudo. Cada una tiene aspectos divinos específicos, y estas características tienen sus raíces en diversas deidades paganas a lo largo de la historia. Por esta razón, a veces se les denomina la gran diosa o el gran dios astado. La palabra "grande" denota que la deidad contiene otras deidades dentro de su naturaleza. Es una especie de huevo que anida, y esta distinción es importante para los wiccanos. También indica que la wicca fue creada como una adaptación de retazos de elementos más antiguos; muchos fueron tomados de religiones preexistentes o de movimientos paganos previamente desconectados entre sí.

Aunque Gardner trabajó en la formulación de esta religión, que comenzó a practicarse en la primera mitad del siglo XX, de sus escritos se desprende que nunca pretendió que fuera un renacimiento estricto del druidismo o del paganismo. Más bien, la wicca es una religión contemporánea que da prioridad a la brujería y proporciona un giro bastante contemporáneo a muchos preceptos paganos. Aunque los wiccanos celebran los cambios de estación y las fiestas más importantes son el solsticio de invierno o el solsticio de primavera, se diferencian de otros neopaganos por una forma específica de culto y oraciones o rituales recién escritos. En general, los wiccanos no pretenden revivir réplicas exactas de antiguas tradiciones y festividades. En cambio, presentan el paganismo a través del prisma de las preocupaciones y costumbres del siglo XX.

Sin embargo, una creencia que comparten los wiccanos, los neopaganos y otros ocultistas es la Regla de los Tres. Esta dicta que cualquier energía que una persona ponga en el mundo, ya sea positiva o negativa, le será devuelta por partida triple. Piense en ello como una versión occidental de creencias como el karma. Algunos practicantes creen que esta ley es demasiado estricta y defienden una ligera variación en la que el retorno sería menor que el triple, pero la idea general se entiende fácilmente.

La mayoría de los ocultistas han afirmado en sus investigaciones que la Regla de los Tres presenta una "recompensa o castigo directo ligado a las acciones de uno, particularmente cuando se hace magia". Los wiccanos, neopaganos, druidas y otros ocultistas discrepan ampliamente sobre cómo interpretar dicho principio. Algunos historiadores han ignorado hasta qué punto los distintos grupos creen en este adagio. Aunque se puede determinar con exactitud que la Regla de los Tres representa una de las creencias centrales de los paganos a lo largo de los siglos, no todos los wiccanos creen en ella. Por la misma razón, como no todos los neopaganos practican la brujería, puede que no encuentren mucha verdad en esta regla.

Ya sean más experimentados o nuevos en la fe, los wiccanos a veces debaten sobre la Regla de los Tres y la consideran una sobreinterpretación de la Rede Wicca. Otros aún debaten hasta qué punto es representativa de las creencias antiguas y si es una idea más moderna inspirada principalmente en la moral cristiana. Por otro lado, los wiccanos que creen firmemente en esta ley suelen recurrir a una pieza clave de la liturgia wiccana que Gerald Gardner imprimió inicialmente en la influyente novela de 1949, La *Ayuda de la alta magia*. Con todo, la Regla de los Tres no es tan atípica para las creencias antiguas, y existen diferentes iteraciones de esta idea básica en todo el mundo, ya sea como el concepto de karma, ampliamente creído entre los seguidores de la religión dhármica, o la más moderna "Regla de Oro".

Según la historia registrada, la Regla de los Tres fue mencionada ampliamente por el afamado brujo Raymond Buckland, quien prácticamente escribió el texto moderno sobre la religión wicca después de que Gardner oficiara la práctica espiritual. Antes de la innovación de Buckland, la idea misma de la ética recíproca en la wicca era nebulosa, mal definida y difícil de precisar. A cualquier consecuencia de la práctica mágica, ya fuera negativa o positiva, se le asignaba una comprensión general del karma y nada más. Existe cierto escepticismo dentro de la comunidad wicca sobre la aplicación de La Regla de los Tres a su práctica, ya que Buckland expuso la idea en 1968, una fecha difícilmente "antigua". Posteriormente, La Regla de los Tres se convirtió en la base de *La Rede Wicca*, publicada por Lady Gwen Thompson en 1975.

Los debates sobre la aplicación exacta de La Regla de los Tres y de La Rede Wicca, para el caso - son interminables. Sin embargo, el núcleo de estas ideas es compartido por muchos neopaganos y otras personas que se identifican como miembros del ocultismo. El núcleo de esta práctica espiritual se percibe como una línea vívida y minuciosa desde las creencias antiguas hasta el momento contemporáneo, que se hace tangible a través de la escritura y la redacción de la poesía.

Paganismo celta

Un grupo de personas con una enorme influencia en el mantenimiento y la configuración de la comprensión contemporánea del paganismo y el druidismo en la actualidad es el paganismo celta. Esta última iteración es muy diferente de las discutidas anteriormente, principalmente porque se adhiere más formalmente a una reconstrucción politeísta del neopaganismo celta. Hace hincapié en la exactitud histórica en lugar de romantizar los mitos o los rituales. Los seguidores también hacen hincapié en las preocupaciones teológicas específicas del druidismo en un esfuerzo más auténtico por revivir el modo de vida celta precristiano. Estos esfuerzos son bastante modernos, ya que se originaron en los escritos de eruditos aficionados y miembros de comunidades neopaganas a mediados de la década de 1980, cansados de lo diluidas que quedaron algunas de estas antiguas creencias. Aunque este movimiento está lejos de ser un monolito y cuenta con varios subgrupos y denominaciones, están unidos en la creencia de que hay que mantener el contexto cultural específico de los celtas.

Los paganos celtas creen que los rituales antiguos deben separarse de las encarnaciones cristianas que llegaron después. El folklore, los mitos y las leyendas son formas excelentes de introducir a la gente en las formas antiguas sin malinterpretarlas o salpicarlas con demasiadas interpretaciones contemporáneas. Creen firmemente en la belleza de estas antiguas tradiciones y en que sus ricos legados deben ser preservados para las generaciones futuras. Una línea profunda que recorre estas conversaciones entre los paganos celtas es el sentido de urgencia y el temor de que gran parte de la cultura antigua y las tradiciones únicas de los celtas corren el riesgo de desaparecer para siempre. Por ello, este sentido impregna todo su trabajo y su práctica específica del paganismo.

El movimiento tuvo sus orígenes en la década de 1980, pero se convirtió en un auténtico fenómeno en los últimos treinta años, dada la proliferación de Internet y los consiguientes foros en línea que permiten el debate libre y abierto entre paganos. Establecieron que una parte importante de su práctica espiritual es abogar por la protección de los sitios arqueológicos y sagrados celtas. Por ello, proyectos de construcción como la posible destrucción de la Colina de Tara en Irlanda hace unos años fueron noticia. Historiadores, archiveros y apasionados paganos celtas unieron sus fuerzas para organizar y protestar contra la construcción y trabajaron duro para establecer el sitio como un hito histórico digno de protección por parte del Estado.

Los paganos celtas no tienen muchos textos centralizadores propios y reconocen que la estructura de su sistema de creencias puede percibirse como un poco irregular dada la evidente ausencia. Aunque se esfuerzan por revivir estas prácticas religiosas y las creencias de los antiguos celtas con la mayor exactitud posible, siempre reconocen abiertamente que algunos aspectos son reconstrucciones. No pueden verificar la exactitud histórica de algunos de los rituales y tradiciones que se esfuerzan por revivir. Aun así, se toman en serio la supervivencia cultural y el estudio riguroso es una parte importante de su práctica. Aumentan sus creencias con el trabajo de eruditos y arqueólogos y restan importancia a las historias o mitos si no tienen pruebas, independientemente de que sean o no verificables por los historiadores.

Los grupos mencionados a lo largo de este capítulo se esfuerzan por preservar y mantener el legado de paganos y druidas a su manera. Aunque hay muchas diferencias, les une el deseo de rendir homenaje a las formas antiguas y mantener viva y floreciente una parte importante de la historia cultural.

Capítulo 8: Herramientas mágicas(k) y cómo utilizarlas

La palabra "magia(k)" no es solo una grafía de moda para la palabra magia, ni es una grafía asociada a los paganos o al druidismo. La magia(k) es magia específica utilizada para el bien. Generalmente, la magia se asocia con la negatividad que causa daño a los demás o con la alteración de las cosas para el beneficio personal. La magia(k) trata de ayudar a los demás mediante el uso de diferentes herramientas, hechizos y habilidades asociadas o conectadas con el reino espiritual. Este capítulo explorará las diferentes herramientas mágicas(k) y cómo se utilizan en las tradiciones wiccanas y paganas. También discutiremos la relación entre la magia(k) y el paganismo y profundizaremos en el proceso de la práctica mágica. Al leer este capítulo, conocerá el significado de los animales en las prácticas mágicas paganas irlandesas. Por último, descubrirá el papel que desempeñan los cristales en la magia y cómo puede seleccionar uno que se adapte a sus necesidades.

Herramientas mágicas

Cuando la gente se interesa por primera vez en cualquier forma de paganismo, se apresura a comprar todo tipo de herramientas mágicas que pueda tener en sus manos. Mucha gente no se da cuenta de que cada herramienta tiene un propósito significativo y específico; por eso hay que saber qué herramientas y artículos rituales comprar y para qué utilizarlos. Vale la pena señalar que muchos de estos artículos no son comunes en todas las tradiciones, y los que lo son no siempre se utilizan de la misma manera.

- ## Altar

Este libro dedica un capítulo entero a los altares y a su instalación para incorporarlos a su práctica espiritual, lo que significa su importancia en la práctica pagana. Los altares desempeñan un papel importante en los rituales y las celebraciones. En la mayoría de las religiones y mitologías, los altares se utilizan para honrar a los dioses, realizar rituales y ofrecer sacrificios. No es necesario que sea un altar artesanal; un altar en casa es tan sencillo como una pequeña mesa con sus utensilios y ofrendas. Puede cambiar el tema, las decoraciones y los objetos para que coincidan con la temporada que está celebrando. También puede dedicar un altar a la deidad que adora incluyendo sus imágenes, sus colores asociados, símbolos, etc. Algunas personas también tienen más de un altar en sus casas. Los altares ancestrales son muy comunes. Incluyen cenizas, fotos o reliquias de miembros de la familia que han fallecido. Tener un altar de la naturaleza tampoco es una práctica poco común. Mucha gente lo utiliza para exhibir objetos interesantes y raros que colecciona, como rocas únicas, conchas marinas seductoras e incluso trozos de madera con dibujos. Si tiene hijos a los que desea introducir en el concepto de espiritualidad y prácticas religiosas, puede hacer que le ayuden a montar el altar o incluso que creen el suyo propio en sus habitaciones.

- **Athame**

Un athame es una daga de doble filo que puede fabricar usted mismo o comprar ya hecha. Esta herramienta puede ser tan sencilla o tan adornada y personificada como usted desee. Muchos rituales paganos incluyen el uso de esta herramienta para dirigir la energía. El athame se utiliza sobre todo cuando se proyecta un círculo. También se utiliza como alternativa a las varitas. Esta herramienta no está pensada para ser utilizada para cortar objetos reales. Crear su propio athame puede ser un proyecto de bricolaje muy divertido. El proceso es tan sencillo o tan complicado como su nivel de habilidad para trabajar el metal. Por eso debe asegurarse de encontrar instrucciones en línea que se adapten a sus habilidades.

- **Escoba**

Las escobas de bruja no se utilizan para volar, sino para ayudar a limpiar una habitación. Una escobilla tradicional se conoce como escoba. Esta herramienta se utiliza para limpiar un lugar barriéndolo antes de un ritual. Cuando barremos una habitación con una escoba, estamos eliminando las energías negativas que residen en la habitación - una práctica que es esencial si se va a realizar una ceremonia o un ritual en la habitación. La escoba se asocia con el elemento Agua porque sirve como purificador. Muchos paganos tienen una gran variedad de escobas, ya que son muy fáciles de fabricar. Las escobas se pueden fabricar con casi cualquier material, pero si se trata de hacer una escoba tradicional, se utiliza el abedul para el cepillo y el roble o el fresno para el bastón.

- **Campana**

Las campanas son habituales en muchas ceremonias, tanto religiosas como no religiosas. Los espíritus son ahuyentados por ciertos ruidos, y el acto de hacer sonar una campana en una habitación o en un área más grande puede ahuyentar cualquier espíritu maligno o negativo en una habitación. Esto se debe al volumen de una campana y a la frecuencia con la que suena. Las vibraciones se mueven por una habitación y ayudan a despejarla. Puede encontrar otros instrumentos para ahuyentar a los espíritus malignos siempre y cuando haya una calidad de vibración. Aunque puede hacer sonar las campanas antes de realizar un ritual o una ceremonia, debe tratar de cerrar la ceremonia haciendo sonar la campana al principio y al final.

- **Velas**

Las velas son una de las herramientas más utilizadas en las prácticas y rituales paganos. No solo se utilizan para representar el elemento Fuego y como símbolo de varias deidades, como Badb y Brigid, las velas suelen ser también un elemento de trabajo de hechizos. Esto se debe a que se sugiere que las velas pueden absorber la energía personal de un individuo. Cuando la vela se quema, libera esta energía no deseada. Quizá le sorprenda saber que en algunas tradiciones se acostumbra a dejar la vela encendida durante un número determinado de días como parte del hechizo. Muchas personas creen que crear su propia vela la hace mucho más poderosa que las ya hechas. Por eso prefieren fabricar sus propias velas. Otros, sin embargo, creen que es la intención lo que puramente importa. Se centran en el inter que ponen en el hechizo en lugar de prestar mucha atención a la procedencia de la vela o a su fabricación. La mayoría de las tradiciones, sin embargo, se centran en los colores de la vela, ya que es un aspecto importante cuando se trata de magia con velas.

- **Pentáculo**

El pentáculo se utiliza en las prácticas paganas de mayo, pero no confunda el pentáculo con el pentagrama: suenan muy parecidos, pero son muy diferentes. Un pentagrama es una estrella de cinco puntas, mientras que un pentáculo es una losa plana con símbolos tallados en ella. La gente incorpora esta herramienta en la magia ceremonial y la utiliza como talismán protector. La mayoría de las tradiciones wiccanas y paganas también ven el pentáculo como un símbolo del elemento Tierra. Los paganos y los wiccanos suelen colocar esta herramienta en sus altares para sostener los objetos que van a consagrar como parte de un ritual. Los pentáculos pueden fabricarse fácilmente (todo lo que se necesita es una plancha de madera lijada y un kit para quemar madera) o comprarse en una tienda especializada.

- ## Libro de las Sombras (BOS, por sus siglas en ingles)

El Libro de las Sombras debe incluir toda la información mágica significativa que pertenece a la tradición y la práctica espiritual de su propietario. A pesar de lo que las películas y las novelas nos han hecho creer, no existe un único libro de las sombras. Se supone que el BOS es personal y único para su propietario, ya que sirve como cuaderno de notas de toda la información que creen que es crucial. Este libro puede contener rituales, hechizos, las reglas de la magia e información relevante, cartas de correspondencia, tradiciones y mitos, cuentos sobre las deidades, invocaciones y mucho más. Muchos paganos deciden pasar este libro de una generación a otra. Sin embargo, si no tiene un BOS transmitido por su tatarabuela, puede hacer uno usted mismo. Aunque le costará mucho esfuerzo confeccionarlo, debe disfrutar del proceso todo lo que pueda porque es muy personal. Tómese el tiempo necesario para pensar en lo que cree que pertenece a este libro. La creación de su propio BOS puede fortalecer su espiritualidad y hacer que se sienta aún más conectado a su tradición.

- ## Caldero

Los calderos, al igual que los cálices, son instrumentos muy comunes en las creencias y tradiciones orientadas a la diosa. Los calderos son muy femeninos y tienen forma de útero. Es un símbolo del recipiente de la vida. Al ser recipientes, los calderos están relacionados con el elemento Agua, y pueden utilizarse en muchos rituales y celebraciones. Utilícelos también en cualquier celebración en la que se busque el conocimiento. Son recipientes de agua, pero también son recipientes para otras cosas, como el conocimiento y la inspiración. Por ejemplo, puede utilizarlo para presentar ofrendas o quemar velas e incienso. Muchas diosas de diversas tradiciones también pueden ser representadas a través del caldero. También puede utilizarlo para mezclar hierbas y utilizarlas con fines mágicos.

Mucha gente utiliza los calderos para adivinar a la luz de la luna tras llenarlos de agua. Si suele utilizar calderos para cocinar, asegúrese de dedicar uno aparte para sus prácticas mágicas. Muchas prácticas mágicas harán que su caldero deje de ser adecuado para cocinar.

- **Cálices**

Como acabamos de mencionar, el cáliz suele estar fuertemente asociado a deidades y arquetipos femeninos. También es un símbolo femenino que simboliza el útero y es representativo del elemento Agua. El cáliz se utiliza a menudo junto al athame en algunas prácticas. Al recrear el Gran Rito, simbólicamente, esta combinación es representativa de la Divina Femenina. Puede utilizar un cáliz de cualquier material, como estaño y plata, en su altar. También puede utilizarlo para ofrecer ofrendas a su deidad. Sin embargo, si va a ofrecer vino, debe tener en cuenta los metales no tratados. Los cálices de cerámica son ahora más populares y son fáciles de conseguir. Muchas personas utilizan cálices de diferentes materiales en función del ritual que lleven a cabo.

- **Herramientas de adivinación**

Existen numerosas herramientas y métodos de adivinación entre los que puede elegir para enriquecer su práctica mágica y espiritual. A muchas personas les gusta experimentar con diferentes tipos de herramientas de adivinación en lugar de ceñirse a un solo método. Sin embargo, es normal que se sienta más cómodo utilizando una herramienta de adivinación concreta o que sienta que es un área dotada por naturaleza. Es posible que algunos métodos simplemente no funcionen para usted. Por ejemplo, puede ser capaz de comprender de forma natural el tarot y las cartas del oráculo, pero sentirse completamente perdido cuando se trata de los pentagramas Ogham, y eso está bien. Algunos ejemplos de herramientas de adivinación comunes son:

- o Numerología
- o Cartas de tarot
- o Monedas y libros del I ching
- o Péndulos
- o Aceites esenciales
- o Cristales

o Signos y señales

o Escritura de la corriente de la conciencia

o La práctica de abrir libros en páginas al azar para recibir mensajes

o Mensajes de animales

- **Cristales**

Puede seleccionar e incorporar innumerables piedras en sus prácticas sanadoras y espirituales. Las piedras que elija para trabajar deben depender de sus intenciones. Por eso debe asegurarse de seleccionarlas en función de sus asociaciones y características, más que por su atractivo estético. Profundizaremos en este tema y cubriremos los usos y atributos de múltiples cristales más adelante en el capítulo. Las piedras de nacimiento también funcionan bien en las prácticas mágicas. Asegúrese de limpiar su cristal o piedra preciosa antes de su primer uso.

- **Túnica ritual**

Si quiere dar a sus rituales un toque más especial, puede llevar una túnica durante el proceso. Las túnicas rituales son muy fáciles de hacer y pueden llevarse en cualquier color y estilo, dependiendo de lo que exija su tradición o práctica. A muchas personas no les importa mucho lo que llevan puesto para realizar sus rituales. Después de todo, lo que importa es la intención. Sin embargo, llevar una túnica es significativo para otros porque lo consideran una forma de separar sus prácticas espirituales de las actividades mundanas de la vida diaria. Ponerse la túnica significa entrar en una mentalidad espiritual o pasar del reino físico al reino mágico.

- **Varita mágica**

Puede comprar una varita en una tienda especializada o hacer una tan sencilla o tan lujosa y decorativa como desee. Cuando pensamos en la magia, inmediatamente nos viene a la mente la imagen de una varita. Por muy estereotipado que suene, la varita es una de las herramientas mágicas más populares y utilizadas en el mundo de la wicca y el paganismo. Las varitas se crean para cumplir una amplia gama de propósitos mágicos, incluyendo la dirección de la energía a lo largo de los rituales. Las varitas representan el poder, el valor y, por supuesto, la energía masculina (después de todo, es un símbolo fálico). Las varitas se utilizan en el aire, por lo que están relacionadas con ese elemento. Los báculos pueden considerarse un tipo de varita, pero están conectados con el fuego, y esa es una distinción importante según lo que se quiera conseguir. Puede utilizar la varita para invocar a una deidad o consagrar una zona sagrada. Asociamos las varitas estrechamente con la madera (y también podría pensar en objetos o ingredientes infundidos en la madera), pero la madera no es el único material que puede utilizarse. Se puede utilizar casi cualquier material, y el usuario es más importante que el objeto. Muchos practicantes tienen una amplia colección de varitas, especialmente los que no utilizan athames.

- **Báculo mágico**

Al igual que el athame y las varitas mágicas, el báculo puede utilizarse con el propósito de dirigir la energía, según algunas tradiciones. Muchos wiccanos y paganos incorporan el uso del bastón mágico en sus ceremonias, rituales y actividades espirituales. Aunque no es una herramienta mágica vital, puede ser de gran ayuda, teniendo en cuenta que está vinculado a la autoridad y al poder. Algunos incluso creen que estas figuras divinas son las únicas que pueden llevar esta herramienta. Por otro lado, otras tradiciones permiten a todos los practicantes utilizar el báculo. Los báculos están más asociados a la energía masculina y al fuego, pero pueden utilizarse en lugar de las varitas y también pueden representar el aire en ocasiones. Al igual que muchas de las herramientas que hemos mencionado anteriormente, puede fabricar su propio báculo en lugar de comprarlo.

Paganismo y magia(k)

La idea de la espiritualidad y la magia está muy relacionada con las creencias paganas. Aunque los distintos grupos paganos tienen perspectivas religiosas diferentes, el marco subyacente que sirve de base a los fenómenos metafísicos y a las actividades mágicas es relativamente similar. Hay algunos principios básicos de esta filosofía. El primer aspecto es la implicación de los animales en la idea de dios y la idea de la magia. En segundo lugar, la incorporación de varios elementos naturales como espíritus: los espíritus del fuego, el agua, el aire y la tierra. En tercer lugar, el concepto de Dios no se limita a un solo dios, sino que hay un dios y una diosa y, en algunos casos, hay múltiples diosas. Por último, las prácticas espirituales o mágicas que se realizan pueden hacerse de forma individual o en grupo.

Las prácticas mágicas realizadas por los paganos se utilizan para una serie de fines. Los más comunes son:

- Para inducir a alguien en el aquelarre o grupo.
- Como celebración de la temporada.
- Para honrar a la deidad.
- Para ponerse en sintonía con la naturaleza.
- Para alcanzar la autorrealización.
- Para la sanación mágica.

El proceso de la práctica mágica se divide en tres partes que a veces no son tan fáciles de identificar. La primera es la fase de separación, la segunda es una fase de prueba y, por último, la reintegración.

Separación

La primera fase es la de separación. Se trata de diferenciar entre el mundo físico y el mundo espiritual. A diferencia de la mayoría de las otras religiones, los paganos no tienen un lugar de culto dedicado como una iglesia o un templo. En su lugar, el lugar sagrado de culto se crea en cualquier lugar en el que les apetezca adorar, y lo hacen siempre que desean adorar. La forma más común es a través de un proceso conocido como "proyectar el círculo".

Consiste en demarcar físicamente un espacio, normalmente en forma de círculo, utilizando cosas como sal, piedras o velas, y consagrar el espacio invocando a las entidades espirituales y a las deidades. En algunos casos, el trazado del círculo se realiza con herramientas mágicas y sagradas como una varita o un cuchillo ritual. Los practicantes piden a estas deidades que bendigan el espacio que han creado e invitan a la deidad al espacio para que lo bendiga con su presencia, y también piden a la deidad que les ayude en las prácticas que van a ejercer en ese espacio. La creación de un espacio sagrado es común entre todas las religiones paganas. Principalmente, la gente crea este espacio en su casa, pero para algunos festivales, lo crean en el exterior donde también pueden hacer una hoguera para ayudar en el proceso. Este espacio sagrado es una zona que se encuentra en la frontera del mundo físico y el espiritual sin formar parte de ninguno de ellos.

Prueba

La segunda parte del proceso es la actividad que tiene lugar dentro del círculo. Se conoce como la fase de prueba, ya que "pone a prueba" la fuerza del círculo. Las prácticas que tienen lugar dentro del círculo pueden variar mucho en función del objetivo del ejercicio. Sin embargo, todas las prácticas tienen tres partes bien diferenciadas. La primera parte consiste en elevar el nivel de energía o crear la energía necesaria. El segundo paso es dar a esa energía un propósito y cargarla hasta el nivel deseado. El último paso es enfocar y dirigir esta energía hacia el receptor.

Las diferentes prácticas que se realizan en el círculo dependen del resultado deseado y de lo que sea apropiado para ese evento en particular. Por ejemplo, en la fiesta de Beltane destaca el fuego y se celebra la fertilidad. Sin embargo, el espíritu del festival también se celebra de forma metafórica: escribiendo sus deseos y arrojándolos al fuego, para que sean entregados al universo y a los dioses. O el proceso de plantar semillas en macetas de tierra en el espacio sagrado para representar la plantación de semillas de alegría y felicidad en nuestro interior. También hay hechizos personalizados que se utilizan para cosas concretas como atraer dinero a la vida de uno, mejorar el amor en una relación o curarse de una lesión física o emocional. Por ejemplo, el practicante utilizará piedras y herramientas relevantes para potenciar el amor e inducir energía positiva.

Reintegración

Este es el último paso del proceso. Cuando la energía se eleva, las interacciones con las entidades y todo el proceso de creación de los resultados deseados se dirigen a la persona a la que van dirigidos. Al mismo tiempo, este es también el proceso en el que el practicante y el sujeto se conectan a tierra y "sellan" el portal que abrieron para conectar con el reino espiritual. Este proceso final es esencial para asegurar que la energía que se ha transferido al receptor de la energía dada a las herramientas utilizadas durante el proceso de adivinación se almacena de forma segura en ellas.

La conexión a tierra puede realizarse de dos maneras. La primera y más común es a través de la visualización. El practicante y el sujeto se visualizan formando parte de la tierra y reconectándose con el mundo físico. Las personas que practican la magia de los árboles suelen visualizar que están echando raíces en la tierra como un árbol echa raíces y consigue un agarre más fuerte en la tierra. También actúa como una forma de desechar el exceso de energía, ya que la tierra absorbe el exceso de energía disipada a través de las raíces.

La segunda forma es consumir alimentos y bebidas "bendecidos" que se cree que devuelven a la persona a su estado normal. Por lo general, esto incluye vino y pasteles, pero algunas personas también prefieren otras bebidas como una cerveza o un zumo sin alcohol. Los pasteles pueden ser de cualquier tipo, y algunas personas prefieren un producto horneado salado. A continuación, se desmonta el círculo y se agradece a las entidades que estuvieron allí para ayudar en el proceso.

Los animales y la magia

Los animales también ocupan un lugar especial en el paganismo irlandés. En algunos casos, se utilizan metafóricamente y, en otros, tienen una presencia física en las prácticas. Uno de los conceptos animales más comunes en el paganismo es la idea del animal de poder. También conocido como animal tótem o animal espiritual, es cuando una persona se identifica con un determinado animal como su guardián espiritual. De forma similar a cómo la gente encuentra guardianes espirituales del reino espiritual que son otras entidades, los animales tótem toman la forma de un animal y desempeñan el mismo papel. Otro concepto que resuena con los animales espirituales es el de "Familiares". Un familiar animal se identifica como un animal con el que una persona tiene un vínculo especial o con el que siente una fuerte conexión. Los familiares son animales físicos que existen en el mundo real, pero tienen un espíritu que pertenece al mundo espiritual. La persona conecta con ellos a un nivel mucho más profundo.

Se utilizan partes de animales en diversos rituales y en el proceso de lanzamiento de hechizos. Por lo general, cosas como la piel de una serpiente, la mandíbula de una cabra, la cornamenta de un ciervo o incluso la piel de un gran gato pueden utilizarse en las prácticas espirituales. A menudo se fabrican herramientas con estos objetos, como mangos de cuchillos hechos con los huesos de un animal, o un chal hecho con la piel de un animal. En otros casos, se utilizan partes del animal directamente en el proceso mágico, la piel de una serpiente. Además, la mayoría de estos objetos se recogen en lugar de cazar al animal solo para obtener una parte específica. Pueden recogerse de animales utilizados como ofrenda a los dioses, animales que han muerto de forma natural o cosas que los animales dejan de forma natural, pieles desprendidas o cuernos rotos.

Los pájaros también ocupan un lugar muy importante en la magia. Algunos se consideran una señal de malas noticias, de peligro o incluso del comienzo de una catástrofe natural. Otros se consideran mensajeros que entregan un mensaje del mundo espiritual. El reto consiste en descifrar correctamente lo que dicen y utilizar ese conocimiento para su propósito. Entre las aves, el búho es una de las más importantes. El búho ocupa un lugar especial en muchas culturas, pero en el paganismo se asocia a la diosa Atenea. Simboliza la sabiduría y el conocimiento de la diosa.

Cristales y magia

No es necesario tener accesorios como hierbas, varitas y cristales cuando se practica la magia. Sin embargo, estos activos pueden mejorar enormemente la eficacia de su magia. Si hay algo en lo que puede invertir, o si está empezando a incursionar en los accesorios mágicos y quiere algo que tenga un impacto tangible en sus prácticas, tienen que ser los cristales. Aquí tiene algunos de los mejores cristales que puede considerar y sus beneficios.

- **Cuarzo transparente**

De todos los miles de cristales diferentes disponibles, el cuarzo transparente debería ser su elección si tuviera que elegir uno solo. Es una piedra neutra y puede utilizarse prácticamente para todo, especialmente si consigue una piedra de cuarzo transparente con punta. Este cuarzo puede ser una herramienta muy poderosa. Lo mejor del cuarzo transparente es que funciona muy bien con otros accesorios. Puede amplificar la potencia de otras herramientas que esté utilizando. Así que, tanto si tiene otras piedras, hierbas o cualquier otra cosa para usar, se amplificará usando el cuarzo transparente. Puede utilizar esta piedra para la meditación, la terapia, la magia e incluso la protección.

- **Citrino**

El citrino forma parte de la familia del cuarzo y, al igual que el cuarzo claro, es un cristal muy poderoso. Sin embargo, esta piedra tiene un tono anaranjado brumoso y a veces amarillo y es especialmente eficaz para la limpieza y otros procesos de curación. Es una piedra con la capacidad de absorber la energía de su entorno, por lo que es fantástica para limpiar un espacio, sus otras piedras y herramientas mágicas(k), e incluso para limpiar las influencias negativas de su hogar. Además de la limpieza, esta piedra se utiliza para mejorar su capacidad psíquica, lo que la convierte en una gran piedra para tener cuando se medita o para cosas como el viaje astral.

- **Cuarzo rosa**

La piedra de cuarzo es un potente cristal para la magia, y las diferentes variaciones son buenas para cosas específicas. Por ejemplo, el cuarzo rosa es extremadamente bueno para el amor, las emociones e incluso el trabajo espiritual. Este es el cristal que debe utilizar si está realizando hechizos basados en las emociones y, concretamente, en el amor. Es un cristal muy enraizado, por lo que también puede utilizarse para manejar situaciones con una energía emocional intensa. Por ejemplo, esta es la piedra que debe utilizar si está tratando de difuminar un asunto entre dos personas o ayudando a una persona a obtener más claridad y paz en su mente.

- **Ámbar**

El ámbar es una piedra muy poderosa si busca algo que le ofrezca protección. A menudo se asocia con el sol debido a su color. Sin embargo, también tiene una profunda relación con la Tierra. En realidad, el ámbar no es un cristal, sino savia de árbol fosilizada, lo que significa que ha pasado millones de años bajo tierra y es un producto de las plantas y no de la piedra. Por esta razón, tiene una conexión muy poderosa con la tierra y hace un tremendo trabajo como piedra de conexión a tierra.

• Malaquita

Esta es una de las piedras favoritas de las brujas verdes, sobre todo por su color. Sin embargo, otros pueden utilizarla, y es estupenda para la meditación e incluso para protegerse del peligro. Se asocia comúnmente con la conciencia y se utiliza a menudo para cosas como la adivinación y la comprensión a un nivel más profundo. Es una de esas piedras que pueden llevarse a diario y utilizarse para prácticas dedicadas y rituales de conexión a tierra.

• Obsidiana

Esta es otra de las piedras favoritas de las brujas, ya que también era la piedra favorita de la diosa de las brujas, Hécate. Aunque esta piedra se asocia con la protección y puede absorber todas las formas de energía, también se suele utilizar para los espejos de adivinación. La obsidiana es una gran fuente de energía y se la conoce como una piedra muy poderosa en gran parte debido a sus orígenes. La obsidiana nace de las erupciones volcánicas y, por tanto, se asocia con el fuego. Si practica la magia de destierro, esta piedra le será muy útil.

• Ojo de tigre

Al igual que el animal por el que se le conoce, el ojo de tigre se utiliza como fuente de fuerza, valor y fiereza. Es ideal para las personas que desean mejorar su autoestima y necesitan un impulso de energía positiva. Es una piedra polivalente que funciona excepcionalmente bien en combinación con otras piedras; el cuarzo blanco amplificará su energía. También se puede emparejar con la obsidiana negra para darle una defensa increíblemente holística.

• Piedra de sangre

La piedra de sangre recibe su nombre no porque sea roja. En cambio, es una piedra verde con motas de rojo en ella. Esta piedra es excelente si está trabajando en su salud o en la de un paciente y también puede usarse como protección.

- **Piedra de luna**

De color blanco lechoso y regida por la luna, esta piedra es excelente para todo lo relacionado con la intuición, la conciencia, los sueños y los asuntos generales de la mente. Esta piedra también puede utilizarse en lugar de otras piedras, como el cuarzo, la amatista o la piedra de sangre.

Puede comprar fácilmente estas piedras en su tienda local de metafísica o incluso encontrarlas en su joyería local. Sin embargo, tenga en cuenta que las piedras que encuentra o que le regalan tienen más poder que las que compra en una tienda. Además, si tiene estas piedras en forma de collar o pulsera, puede seguir utilizándolas para su brujería.

La práctica de la magia(k)

Además de los componentes principales de la práctica de la magia(k), como los cristales o los animales, hay otros componentes que lo hacen posible. Tanto si está lanzando hechizos como realizando una limpieza espiritual, puede utilizar diferentes herramientas para obtener un mejor efecto.

Uno de los instrumentos más importantes para los brujos que practican la magia(k) es una varita. Por lo general, está hecha de cristales, como el cuarzo o la ammolita, y viene en una variedad de tamaños y formas. La forma más común es en forma de bastón y de 15 a 20 centímetros de largo con un extremo romo o puntiagudo. Las varitas puntiagudas se suelen utilizar en las prácticas en las que hay reflexología o si el practicante quiere concentrar la energía en un punto concreto. Las varitas romas se suelen utilizar en prácticas de limpieza y en situaciones en las que la piedra transfiere energía a zonas más amplias, como una habitación de una casa o un grupo de personas.

Como hemos mencionado anteriormente, los altares también son un equipo esencial que hay que tener; se hablará de ellos con gran detalle en el próximo capítulo. Puede tener un altar especialmente diseñado para practicar la magia y otras prácticas sagradas o utilizar un altar improvisado con cualquier mesa elevada de su casa. Los altares suelen estar decorados con elementos sagrados, como textos sagrados u objetos utilizados como símbolos. Lo que coloque en su altar depende totalmente del propósito del hechizo o del ritual.

También debe utilizar la sal para demarcar una zona para las prácticas mágicas. Algunas personas prefieren demarcar una zona cavando una zanja poco profunda alrededor del área o utilizando velas. La sal funciona especialmente bien, ya que su energía es excelente para mantener alejadas las fuerzas no deseadas, y también ayuda a retener toda la energía dentro de ese espacio. También debería tener algunas velas para su práctica mágica. En algunos casos, esto se utiliza para definir el área. En otros casos, el fuego y la luz son ingredientes utilizados en el proceso.

Cómo puede iniciarse

La mayoría de las cosas que necesitará, como la sal, los cristales o las hierbas, son artículos que puede conseguir fácilmente en su ferretería o tienda de comestibles local. Si busca algo muy particular y no está disponible en su localidad, siempre tiene la opción de hacer un pedido en línea. A medida que el paganismo, en todas sus formas, se hace más popular y la gente de todo el mundo se interesa por esta filosofía, aumenta la demanda de herramientas y equipos. Muchos vendedores de todo el mundo fabrican estos artículos, y muchos son brujos consumados a los que les gusta fabricar a mano muchos productos. Las versiones artesanales pueden ser un poco caras, por lo que no hay nada malo en conseguir una opción más económica si está empezando. Determine si realmente le gusta, entonces consiga una versión de mayor calidad. Como punto de partida, analice lo que quiere hacer y los hechizos que quiere practicar y consiga un equipo que se ajuste a esas necesidades. Algunas cosas, como los cristales de cuarzo, pueden utilizarse para muchas cosas, por lo que siempre es una buena inversión. Si quiere hacer cosas muy específicas, averigüe lo que necesita e invierta en consecuencia. Además, asegúrese de limpiar todo su equipo después de usarlo y de refrescarlo antes de cada uso.

Capítulo 9: Cómo montar un altar pagano

Para practicar sus rituales paganos, necesita un espacio especial, y puede conseguirlo creando un altar. Si quiere crear un altar, hay diferentes pasos que puede seguir. Este capítulo describe el significado de un altar pagano irlandés o galés y los consejos para construir uno. También habla de las diferentes herramientas que puede colocar en el altar y su propósito.

Significado de un altar pagano

Un altar pagano es un espacio sagrado donde se colocan los objetos espirituales que se utilizan para el ritual, los hechizos, la meditación, las oraciones, las visualizaciones, la adivinación y la conexión con la deidad. Los paganos utilizan este espacio, también llamado santuario, para realizar su trabajo ritual. Un altar es un lugar personal en el que un practicante coloca diferentes artículos rituales. Este lugar se utiliza principalmente para los trabajos de hechizos religiosos. Si no puede realizar sus rituales en el exterior, puede crear un santuario dentro de su casa.

Suele ser una plataforma o estructura elevada que se utiliza para la oración o el culto. Los practicantes de la wicca suelen encontrar varios objetos simbólicos y funcionales que se utilizan para adorar a la diosa y al dios, decir cánticos y oraciones y lanzar hechizos. También puede utilizar su altar para conectarse con el mundo espiritual de diversas formas. Puede utilizar esta plataforma para realizar rituales, como la celebración de ciclos estacionales, la devoción a una deidad o los ritos de paso. Los elementos que utilice para decorar su altar dependerán de sus gustos y preferencias. Por ello, es una excelente idea que su altar refleje su espiritualidad.

Su altar puede ser de cualquier tamaño o forma, y usted elige el material que desee. Mucha gente cree que la madera es el mejor medio, ya que proviene de la tierra. Sin embargo, la piedra y el metal también funcionan bien para su altar. Aunque no existe una estructura universal del altar, se suele creer que el lado izquierdo es la zona de la diosa. En esta zona se colocan símbolos femeninos como cálices, cuencos y otros símbolos que representan a las diosas y estatuas. Por otro lado, el lado derecho está destinado a los dioses, y aquí se colocan símbolos como la varita y el athame. La estatuilla del dios y su vela también se encuentran en el lado derecho del altar.

La zona central del altar se conoce como el espacio de trabajo o ambas zonas. El caldero asociado a los cuatro elementos se coloca en el centro. Debe saber que la práctica pagana irlandesa está pensada específicamente para construir una relación. Puede conseguirlo presentándose con constancia en su altar y realizando allí su trabajo religioso. Sin embargo, no debe ser un trabajo duro. Por el contrario, debe ser algo que le conecte con su dios o diosa.

Cómo hacer su altar pagano

Antes de crear su altar, lo primero que debe hacer es decidir si quiere algo permanente o temporal. Puede crear un altar para desmontarlo y guardarlo en un lugar específico. Otra cosa que debe considerar es la ubicación de su lugar sagrado. Puede colocar su altar en cualquier lugar, y otras personas tienen santuarios naturales al aire libre. También puede llevar su altar portátil a su jardín o al interior de la casa si tiene espacio suficiente.

Lo bueno de crear un altar natural es que le ofrece una estrecha conexión con la madre naturaleza. Si no tiene un jardín, cree un altar en el interior, pero asegúrese de que dispone de una habitación donde pueda colocarlo. Elija un rincón de su dormitorio donde pueda crear un lugar especial para realizar sus rituales. Un dormitorio es una habitación privada, y es fácil relajarse en esta habitación cuando se está solo.

Cuando haya elegido el lugar apropiado para su altar, asegúrese de determinar el tamaño y la forma del mismo. Puede conseguir una cómoda, una mesa o cualquier plataforma móvil. Cuando elija una cómoda, utilice los cajones como almacén para los artículos que necesite para sus rituales, como encendedores, velas y otros. Al practicar el paganismo irlandés, el fuego es un componente fundamental. Siempre que realice sus ritos, asegúrese de tener alguna forma de llama, normalmente obtenida de las velas. Su espacio también debe tener un lugar para colocar sus velas y garantizar la seguridad.

Debe tener algo que represente ese lugar para crear una conexión. Encuentre algo que represente a una deidad, no se vea en el aprieto de intentar encontrar una estatua o un cuadro perfecto. Eso no existe, ya que los dioses son sin forma y carecen de figura. Por lo tanto, cualquier cosa que le ayude a visualizar a su dios puede ser de gran ayuda para construir una relación sólida.

Cuando diseñe su altar, debe empezar ciñéndose a lo básico. Si quiere construir el altar desde cero, asegúrese de conseguir los materiales adecuados a los que pueda dar forma en las estructuras deseadas. Es importante empezar con elementos sencillos y desarrollarlos con el tiempo. Desarrolle constantemente su altar en función de sus necesidades. Intente crear algo que resuene con sus intenciones y consiga cosas que tengan sentido y sean especiales para usted. Haga adiciones a su altar en función de sus necesidades cambiantes.

¿En qué dirección debe mirar un altar pagano?

Para algunos, la dirección del altar no importa ya que puede estar orientado hacia cualquier lado. Sin embargo, otros consideran oportuno que los altares estén orientados hacia el este, ya que es por donde sale el sol. En la mayoría de las tradiciones, el sol se asocia a la aportación de nueva vida o al aire y a su mantenimiento. Al salir, proporciona la energía necesaria para realizar diferentes cosas. Cuando su altar está orientado hacia la dirección este, está apreciando su poder y ayudando a crear una fuerte conexión con la naturaleza. El noreste es otra dirección popular entre la mayoría de los paganos, ya que es simbólica en su tradición.

Se cree que la mayoría de los rituales están asociados a la dirección norte, ya que representa la tierra. Una opción es conseguir una brújula portátil para situar su santuario en la dirección adecuada. Se cree que la dirección sur simboliza el fuego, mientras que el agua es para el oeste. El centro representa el espíritu. Sin embargo, puede poner su altar orientado hacia cualquier dirección que crea que le funciona. Lo más importante es que el altar debe estar en un lugar donde pueda verlo y conectarse con él todos los días. Todos tenemos intenciones diferentes, así que no copie a los demás. Algo que funciona para otra persona puede no funcionar para usted. Dé prioridad a sus necesidades y crea en sí mismo.

Si su altar consta de objetos pesados, lo mejor será construir uno permanente. Otras zonas a tener en cuenta son los cajones, los tocones de los árboles, las bandejas y los alféizares de las ventanas. Asegúrese de que el espacio está libre cuando decida construir una plataforma exterior. Utilice su intuición para elegir una zona ideal para su santuario. Seleccione los elementos correspondientes para utilizarlos en sus ritos cuando la plataforma sea inamovible.

Elija el estilo de su altar

Hay muchos estilos diferentes de altares, por lo que su estilo debe estar muy influenciado por el paganismo celta y otros elementos como las deidades. Para el paganismo irlandés y galés, hay símbolos específicos con los que debe familiarizarse y saber cómo pueden ayudarle a conseguir sus objetivos. También debe considerar su práctica y cómo el altar reflejará su espiritualidad. Un altar cuidadosamente diseñado mejora la apariencia de su lugar. Si el diseño es un componente esencial para usted, elija algo bien elaborado.

Elementos a utilizar para la diosa

Al montar un altar pagano, es esencial determinar los artículos que utilizará para el lado de la diosa. Este lado representa lo divino femenino, la luna, el cerebro derecho, la inconsciencia y la noche. Por lo tanto, los componentes de la diosa difieren de los utilizados para el lado del dios. Debe conseguir una vela con el mejor color que crea que representa a la diosa. Si practica el paganismo, debe comprender el significado de la luz. Los colores para el lado de la diosa incluyen el verde, el azul, el púrpura y el plateado. Investigue primero para conocer sus intenciones y cómo puede conseguirlas.

Las bolas de cristal o las herramientas de adivinación son otros componentes vitales que debe añadir cuando monte su altar. Los cristales vienen en varias formas y desempeñan diferentes funciones. Por lo tanto, cuando elija los cristales, asegúrese de que se alinean con sus intenciones y entienda cómo utilizarlos. Una estatua es otro componente vital que puede añadir a su altar, ya que representa a la diosa. Hay varias formas de diosas disponibles, como Isis, la diosa de la luna, o los animales tótem. Si no consigue una estatua, busque un dibujo o una imagen de su diosa preferida. También puede utilizar otros animales lunares siempre que se ajusten a sus intenciones. Otras cosas que representan los elementos femeninos son el agua, como las conchas marinas, un cuenco de agua, un caldero o el cristal de mar. Algunos de los elementos de la tierra incluyen objetos de color marrón o verde, por ejemplo, plantas, piedras, huesos, tierra y flores. Dependiendo de su intención y de su práctica espiritual, puede conseguir tantos objetos como desee.

Elementos a utilizar para el dios

Al igual que el lado de la diosa, también debe encontrar artículos apropiados para el lado del dios de su altar. El lado del dios simboliza el divino masculino, el sol, los elementos del aire y el fuego, la conciencia, el día y la mitad derecha del cuerpo o el cerebro izquierdo. Algunas de las cosas que puede querer poner en el lado del dios incluyen una vela grande con cualquier color de su elección. Algunos colores a considerar son el amarillo, el rojo, el naranja o el dorado. Deben reflejar sus intereses y otras cosas que quiera conseguir.

Una estatua es otro elemento importante que debe añadir a su altar. Puede utilizar un tótem animal masculino o una imagen solar. Los dos elementos masculinos que puede incluir son los colores rojo o naranja, una varita o athame, incienso, velas, dientes o garras. Sin embargo, asegúrese de no herir a los animales para obtener estos elementos. Incluya también un quemador de aceite o ceniza y plumas. Las herramientas de adivinación para poner en el lado de los dioses también son esenciales para su altar.

Su práctica espiritual diaria determinará las herramientas que necesita para sus ritos. Otros objetos especiales y sagrados pueden incluirse en la lista de artículos para poner en el lado del dios. Los artículos vienen en diferentes formas y tamaños, así que consiga algo que se adapte a su altar. Si su santuario es pequeño, asegúrese de conseguir herramientas portátiles para ponerlas en los diferentes lados de los dioses.

Elementos para colocar en el centro del altar

El centro del altar es crucial, ya que representa el núcleo de su espiritualidad. Es el patrón o la matrona de su deidad con la que trabaja la mayor parte del tiempo. Es importante conocer las deidades con las que quiere trabajar para conseguir los artículos adecuados. Utilice cristales, velas o calaveras, y asegúrese de conseguir algo muy importante y poderoso para representar el elemento espiritual. Estos artículos deben ser de color blanco, arco iris, violeta o púrpura, ya que estos colores consisten en una gran energía. Su signo zodiacal debe determinar la vela para el centro del santuario.

Si tiene un pentáculo que representa la tierra, inclúyalo en el lado de la diosa. Un libro de la sombra es otro elemento crucial que puede colocar en el centro del altar. Un athame y una varita pueden colocarse en el lado de la diosa de su altar. Si el altar no es muy grande, elija componentes críticos solo para desordenar su espacio. Lo más importante es que consiga cosas que pueda utilizar, y que además aporten valor a su vida. Consulte siempre su libro de vida del paganismo para conseguir las cosas adecuadas.

Elementos adicionales para colocar en su altar

Los elementos que coloque en su altar dependen principalmente de sus intenciones y preferencias personales. Cuando establece su lugar sagrado para realizar sus rituales, sabe lo que quiere conseguir. Por lo tanto, siéntase libre de incluir cualquier cosa que crea que le ayudará a alcanzar sus objetivos deseados. Añada popurrí o hierbas a su altar. Puede añadir muchos tipos diferentes de hojas a su lugar de culto, y estos dependen de sus intenciones. Además, incluya cristales, ya que también vienen en varias formas. Antes de adquirir las piedras, asegúrese de conocer su propósito.

Las cartas del tarot o del oráculo son algunos de los elementos que puede añadir a su altar pagano. Las cartas constan de diferentes imágenes y diseños y suelen utilizarse para la meditación. También puede utilizarlas para la adivinación si quiere saber lo que puede ocurrir en el futuro. Si su altar es grande, añada una pequeña caja que pueda utilizar para guardar sus objetos sagrados. Los objetos de hechizo son cruciales, ya que desempeñan un papel en las diferentes formas de magia que pretende realizar. Los talismanes y las joyas mágicas son otros objetos que puede incluir al crear su altar.

Dado que puede utilizar su altar para varias funciones, siéntase libre de añadir cualquier cosa divina y significativa. Incluya una escalera de bruja o cuelgue un amuleto para obtener energía y protección si es posible. Sin embargo, debe tener cuidado de no abarrotar su altar con cosas que no vaya a utilizar. Si no conoce la función específica de un componente, mejor no lo añada a su espacio sagrado. A medida que aumenten sus necesidades, puede añadir los elementos, pero investigue primero para conseguir los ideales.

En este capítulo se han tratado diferentes elementos a tener en cuenta a la hora de montar un altar pagano. Debe saber que cada persona tiene un enfoque diferente a la hora de crear su espacio sagrado para los rituales. Dependiendo de sus intenciones y necesidades, puede utilizar cualquier método con el que se sienta cómodo. Asegúrese de poner los elementos apropiados en este espacio sagrado, ya que los necesitará para los rituales, los hechizos, la meditación, las oraciones, la adivinación y la conexión con las deidades. Todos estos componentes deben estar en el lugar adecuado antes de comenzar sus ritos.

Capítulo 10: Hechizos y rituales paganos sencillos

Los paganos utilizan diferentes rituales y ceremonias para celebrar o conmemorar muchos aspectos de la vida. Este capítulo destaca los hechizos y rituales paganos sencillos que puede probar si es un practicante. También proporciona las instrucciones paso a paso y los ingredientes para cada receta. Algunos rituales y hechizos comunes están pensados para el amor, la protección, la suerte, la abundancia y otros.

Rituales de Beltane

En la tradición celta, cada año consta de dos mitades, una que representa la oscuridad y la otra la luz. El final de la estación oscura anuncia la llegada de la mitad luminosa del año y se acompaña de celebraciones conocidas como Beltane. El 1 de mayo es la fiesta más importante y más grande y se celebra en Irlanda y Escocia. La celebración de Beltane implica muchos rituales, y la mayoría incluyen el fuego. Durante este periodo, se creía que los seres sobrenaturales estaban activos y que sus poderes podían pasar libremente al mundo de los mortales.

Estas celebraciones tenían por objeto recordar a los agricultores cuándo debían sembrar y cuándo cosechar durante el periodo antiguo. En otras palabras, los festivales de Beltane marcaban acontecimientos importantes del calendario para señalar el regreso de la luz. Estas celebraciones iban acompañadas de varios rituales que se explican a continuación.

Rituales del fuego

El fuego desempeñaba un papel fundamental en estos rituales de Beltane, ya que simbolizaba el regreso del sol después del invierno. También se creía que el fuego tenía una magia simpática que podía mejorar el crecimiento de las cosechas y los animales. El humo protege, y una hoguera significa mucho humo. El fuego es también el gran protector y proveedor, y las cenizas tienen poderes protectores imbuidos en ellas. Por eso bailar alrededor de una hoguera ha sido tan frecuente en muchas culturas a lo largo de la historia. Los humanos a veces saltaban sobre las llamas.

Los fuegos domésticos se encendían con las llamas obtenidas de la hoguera central. En algunos casos, se utilizaba sangre de animales como sacrificio a los dioses. Las hogueras también marcaban los acontecimientos importantes del año, como la salida de los animales a pastar, y formaban parte de la celebración de estos eventos. Había lugares especiales donde se celebraban las principales fiestas cada año, y los rituales se realizaban para proteger a los animales, las personas y las cosechas. También estaban destinados a fomentar el crecimiento.

Los fuegos en los fogones en el interior de las casas no debían salir al exterior, ya que se creía que arrastrarían la suerte. Las hogueras se apagaban durante las celebraciones de mayo y se volvían a encender con las llamas de la hoguera principal. A partir de entonces, no se permitía que las hogueras se apagaran. Durante este periodo, cuando se realizaba el ritual, se instaba a la gente a rechazar peticiones, evitar a los extraños y ofrecerse a compartir cualquier cosa. El ritual del fuego estaba destinado específicamente a proteger las fortunas personales y otras pertenencias. El vínculo entre los mortales y los inmortales era muy estrecho, por lo que no se esperaban cuestiones como la muerte o las heridas.

Rituales de agua y flores

Se creía que el agua obtenida de los pozos locales era muy potente, y también se decía que las flores que rodeaban estas fuentes sagradas eran reconstituyentes. También se creía que el rocío de la hierba del Día de Mayo proporcionaba una cura para todo el año. Según los practicantes, caminar sobre el rocío o utilizarlo para lavarse la cara ofrecía poderes curativos. Las flores se recogían durante las celebraciones y se utilizaban para decorar los altares y otros lugares sagrados. Las flores amarillas pueden alejar a los espíritus malignos, de los que se dice que no les gusta el color brillante. También puede ser que las flores amarillas contengan los poderes y el espíritu de las deidades, y los espíritus malignos son repelidos por ese poder.

Rituales y amuletos de buena suerte

Las celebraciones del mes de mayo suelen estar relacionadas con la cosecha y la abundancia, lo que aporta alegría y felicidad. Los rituales se utilizan para la suerte y la protección contra las fuerzas imprevistas. Es bueno que tanto poder provenga de las celebraciones y los rituales en esta época del año, ya que se observa que entre la víspera y el día de mayo es cuando los espíritus malignos son más poderosos. El agua y la flor amarilla se combinaban a menudo para alejar a estos espíritus malignos y atraer la suerte. Otras prácticas se desaconsejaban en mayo por considerarse de mala suerte. Por ejemplo, casarse en mayo se consideraba de mala suerte.

En Irlanda, se adorna el árbol de mayo o el arbusto de mayo. Se colocan cintas en los arbustos o árboles cercanos a la casa, y los arbustos de espino blanco son los más tradicionales para decorar si se encuentran cerca. También se cuelgan ramas, hojas y flores sobre la puerta para que la buena suerte y la fortuna entren en la casa.

Hechizos de amor

Los hechizos de amor se practicaban en el paganismo irlandés, y estos estaban destinados específicamente a traer de vuelta a un amante perdido o a hacer más fuerte su relación. Si usted quería traer de vuelta a un amante perdido, iría a un practicante pagano, y este le preguntaría el nombre, la fecha de nacimiento y el lugar de nacimiento de la persona con la que quiere reconciliarse. El practicante también le preguntaría los mismos detalles para poder unir sus datos con los de ellos.

Había ciertos ingredientes necesarios para el hechizo. Por ejemplo, los hechizos de amor no funcionarían sin ingredientes como polvo de sándalo y pétalos de rosa. Si quiere enamorarse de alguien, primero tiene que proporcionar todos los ingredientes necesarios para que el practicante pueda realizar el hechizo. Los hechizos se dirigen, emitiendo una onda de energía en todas las direcciones. A continuación, se indican algunos de los ingredientes básicos que necesitan los hechiceros para hacer volver a sus ex amantes.

- **Las velas rosas** representan su regreso al amante y deben arder el mayor tiempo posible antes de que se rompa el hechizo.

- **Elemento de fuego:** El fuego es un componente esencial en un hechizo de amor, ya que representa la pasión y la destrucción. Destruirá los sentimientos negativos que puedan haber destruido la relación.

- **Hierbas y pétalos de flores:** Aumenta las posibilidades de reunirse con su amante con más flores. Se dice que una combinación de lavanda y caléndula es eficaz a la hora de realizar su hechizo de amor. Con su intención, mezcle estas flores en las proporciones adecuadas para crear un polvo y utilícelo para los rituales de hechizo de su amante.

- **El polvo de simpatía** es un ingrediente común utilizado para acelerar el hechizo mágico de amor. Alinea las energías dentro del hechicero y el objetivo para hacer el proceso más rápido.

- **Fotos:** el lanzador del hechizo necesitará la foto de su amante o de los dos juntos.

- **Aceite para el retorno de los amantes:** El aceite para el amor también puede utilizarse para traer de vuelta a su amante perdido. Recoja las flores cuando la luna esté creciente para que su hechizo sea más poderoso.

- **Mechones de pelo:** Consiga un mechón de pelo de su amante, ya que este es un ingrediente esencial para lanzar un hechizo para traer a su amante de vuelta. Puede buscar el pelo de su amante en un peine o seguirlo en las peluquerías.

- **Ropa de su expareja:** Un trozo de la ropa de su amante es otro ingrediente esencial que debe conseguir para que el hechizo de amor tenga éxito.

- **Los recortes de uñas** pueden producir un poderoso hechizo y jugar un papel fundamental para traer de vuelta a su expareja. Sin embargo, puede ser difícil para usted conseguir estos componentes, así que vea la mejor manera de conseguirlos.

- **Las joyas** son otro ingrediente mágico para su hechizo de amor para devolver a un ex amante. No debe ser una pieza muy cara, por lo que un anillo o una pulsera vieja serán suficientes.

Sin embargo, hay ciertas cosas que nunca debe hacer, aunque consiga todos los ingredientes. Por ejemplo, nunca debe hacer un hechizo para que su expareja se quede con usted en contra de su voluntad. Sus hechizos deben llevar a alguien al lugar donde quiere estar y no ser forzado. La otra persona debe estar preparada para el amor que viene con el hechizo.

Si es posible, debe consultar a su expareja y hacerle saber sus intenciones, para no tomarla por sorpresa. Cuando se trata de asuntos amorosos, nunca fuerce las cosas, ya que puede producir resultados no deseados. Debe dejar de lado sus diferencias con su amante si quiere disfrutar de su relación una vez que se reconcilien.

Magia

Los paganos irlandeses también practican la magia como otras religiones. La brujería estaba prohibida en Irlanda y Escocia, pero esto cambió más tarde, alrededor del siglo XVIII. Al honrar a sus deidades, las brujas creen que los seres humanos tienen el poder de provocar un cambio de diferentes formas que no puede ser probado por la ciencia. Las brujas también realizan rituales y hechizos para curar a las personas y ayudarlas en cuestiones generales de la vida. La magia nunca debe realizarse para dañar a alguien, y los siguientes son ejemplos positivos.

Magia con velas

Este es un buen hechizo de propósito general que cualquiera puede hacer siempre que crea en él. Debe elegir una vela con el color adecuado para el trabajo que desea realizar. Por ejemplo, el amarillo representa la riqueza, el rosa o el verde el amor, el azul la buena fortuna, el rojo la fuerza, el marrón la estabilidad y el malva la sabiduría. Si desea atraer algo, escriba su nombre desde la parte superior a la inferior de la vela. A la inversa, también puede escribir lo que desea disipar desde la parte inferior a la superior de la vela.

Al igual que otros tipos de magia, es mejor hacer su magia con velas al anochecer. Es una buena idea comenzar su magia en luna nueva si quiere atraer algo hacia usted. Por otro lado, comience el hechizo en luna menguante si quiere disipar algo. Encienda la vela y visualice lo que quiere conseguir, y mantenga la concentración. Apague la vela cuando termine y repita el procedimiento la noche siguiente hasta que la luna pase a la fase menguante o creciente. Cuando haya terminado, entierre la vela en algún lugar y no la tire. Olvídese del hechizo y no hable de él.

Marionetas de brujas

Las marionetas son figuras de cera, arcilla o plastilina que se asemejan a la persona en la que se quiere centrar la magia. Cuando se consagra en el altar de la bruja, la marioneta puede estar unido por una cuerda a un hombre y a una mujer. Se cree que una combinación de energía femenina y masculina es más eficaz y proporciona un tratamiento simbólico. La pata de la marioneta puede vendarse como parte del hechizo de curación. También se puede coser la boca para evitar que la persona viva representada por la marioneta difunda chismes.

Cuando el ritual ha funcionado o alcanzado sus objetivos, la marioneta se entierra o se quema para liberar el hechizo. Esencialmente, cuando emprenda un hechizo concreto, se comunicará con espíritus invisibles, y ellos le escucharán siempre que haga lo correcto. Si cree que quiere curar a alguien, consiga las herramientas adecuadas para el hechizo o el ritual. Es crucial visualizar su intención y lo que quiere conseguir al realizar el hechizo para que sea efectivo.

Hechizos de protección

Debe conocer el entorno en el que vive y comprender el folklore de la zona. Honre a los espíritus de la tierra y busque la energía de los lugares sagrados honrados por la gente que vivió antes que usted. Entrelace su energía y su relación con los espíritus de la tierra para protegerse de los hechizos malignos. Por ejemplo, los árboles de serbales se utilizan para la protección. También hay otros árboles con propiedades equivalentes en otras partes del mundo. Debe saber cómo pueden protegerle contra los hechizos malignos.

Busque un serbal y hónrelo como aliado pidiéndole un regalo de la madera o las bayas del árbol. Ensarte las bayas en una pulsera para llevarla cuando sienta que necesita protección. También puede colocar cruces de ramitas de serbal atadas con un cordón rojo en sus ventanas y puertas para que le protejan. Asegúrese de dar las gracias al árbol por los encantos. Cree un paisaje donde pueda plantar un solo árbol y trátelo como un espacio sagrado para realizar sus rituales. Los espíritus reconocerán todos los esfuerzos que haga para conectar con la naturaleza. Debe realizar sus rituales con regularidad para disfrutar de una protección ilimitada.

Ritos de sanación

Debe entender y honrar las fuentes de agua que le rodean si quiere realizar ritos curativos. El método tradicional de curación popular requiere que visite un pozo sagrado o una masa de agua sagrada y sumerja un paño en el agua. Lave a la persona enferma al tiempo que pide a los espíritus del agua que la curen y la bendigan. Deje el paño en un espino y deje que se biodegrade. A medida que el paño se pudre, la enfermedad se aleja del enfermo. El proceso debe producirse de forma natural para obtener los mejores resultados.

Esta práctica se conoce como "colgar los paños", y algunas personas suelen malinterpretarla. Hay que utilizar telas biodegradables, para que el crecimiento del árbol no se vea afectado. Cuando algo es malo para la tierra o la naturaleza, no es bueno para la magia popular. Por lo tanto, utilizar plástico u otro material no biodegradable puede no darle resultados positivos a su hechizo. El plástico impacta en el medio ambiente de muchas maneras, ya que no se pudre como otras materias compostables, por lo que no debe incluirlo en sus hechizos si quiere conseguir sus objetivos.

El paganismo irlandés hace hincapié en la importancia de desarrollar vínculos estrechos con la naturaleza y lo consigue a través de diferentes ritos. En este capítulo se han tratado diferentes hechizos y rituales paganos para ayudar a la gente a resolver diferentes aspectos de su vida. Antes de emprender estos hechizos, es esencial conocer los ingredientes necesarios y cómo utilizarlos. Asegúrese de seguir las instrucciones o recurra a los servicios de un practicante experimentado.

Conclusión

Tras una visión general de la historia pagana en Irlanda, queda claro que el paganismo irlandés representa la mezcla perfecta de antiguas tradiciones, adaptaciones modernas y creencias adoptadas de otras religiones. Debido a las interminables devociones de los druidas, muchas prácticas tradicionales permanecieron, incluso en el moderno paganismo irlandés. Los seguidores siguen siendo libres de elegir a sus guías espirituales, ya sea una deidad o cualquier otra criatura que habite en los reinos naturales. En muchas religiones, solo se enfatiza la lealtad y la honestidad como rasgos de carácter a los que aspirar. Por otro lado, los paganos también creen en la responsabilidad personal. Los paganos honran a sus deidades y guías espirituales con festivales y rituales y destacan la importancia de respetar la naturaleza y su energía. Cada solsticio de la Rueda del Año de las Brujas tiene un significado único en la vida de los celtas. Todos están relacionados con acontecimientos en momentos específicos del año.

Aprender sobre la espiritualidad celta le permitirá desvelar los secretos del druidismo en Irlanda junto con las prácticas de brujería galesa. Existen muchas coincidencias entre la brujería irlandesa y la galesa, pero esta última es conocida por sus características únicas, como las cuatro ramas de creencias. Al estar basada en la naturaleza, la brujería celta era más popular y estaba más extendida en Irlanda que en cualquier otro país, lo que permitió que las ramas galesas se diferenciaran de ella. En tiempos de necesidad, los espíritus y las deidades a las que acuden los seguidores también son diferentes para los paganos irlandeses y galeses. Aunque el paganismo no siempre se asoció con la brujería, las creencias populares locales y las prácticas de curación en Irlanda facilitaron la conexión entre estas dos costumbres.

Hoy en día, muchas de las antiguas prácticas del paganismo han desaparecido, y las que sobrevivieron solo pudieron hacerlo con la ayuda del druidismo. A pesar de la opresión de los celtas tras la difusión del cristianismo en Irlanda y la posterior pérdida de influencia que sufrieron, los druidas consiguieron transmitir parte de la tradición celta a las siguientes generaciones. Gracias a sus esfuerzos, incluso en los tiempos modernos, el antiguo legado del paganismo sigue vivo, aunque principalmente en el neopaganismo y en otras creencias paganas contemporáneas similares, como la wicca.

Por último, este libro le permitirá conocer las herramientas mágicas(k) y sus usos en el paganismo irlandés. Tanto si está aprendiendo el camino de la brujería como si está bien versado en las prácticas espirituales, el uso de las herramientas adecuadas le hará mejorar en su oficio. Montar un altar no siempre es necesario para convertirse en un practicante activo, pero tener un espacio sagrado mejorará su capacidad para proyectar una intención y hacer que sus deseos se hagan realidad. Un altar puede estar dedicado a la deidad preferida y servir como superficie para preparar todo lo que necesita para realizar un hechizo o un ritual. Con tantas velas, cristales, varitas y conjuros entre los que elegir, su espacio sagrado le inspirará para encontrar la combinación perfecta que le lleve por el camino correcto siempre que necesite una respuesta o guía en su práctica.

Vea más libros escritos por Mari Silva

MARI SILVA

MAGIA CELTA

DESVELANDO EL DRUIDISMO, LA MAGIA DE LA TIERRA, EL CHAMANISMO IRLANDÉS, LA MAGIA DE LOS ÁRBOLES Y EL PAGANISMO ESCOCÉS

Su regalo gratuito

¡Gracias por descargar este libro! Si desea aprender más acerca de varios temas de espiritualidad, entonces únase a la comunidad de Mari Silva y obtenga el MP3 de meditación guiada para despertar su tercer ojo. Este MP3 de meditación guiada está diseñado para abrir y fortalecer el tercer ojo para que pueda experimentar un estado superior de conciencia.

https://livetolearn.lpages.co/mari-silva-third-eye-meditation-mp3-spanish/

Referencias

O'Reilly, L. J. (2020, 7 de mayo). Paganismo: el brillo contemporáneo de Irlanda. Trinity News. http://trinitynews.ie/2020/05/paganism-irelands-contemporary-shining-light

Creencias paganas irlandesas. (2018, 25 de septiembre). Lora O'Brien - Irish Author & Guide. https://loraobrien.ie/irish-pagan-belief

Religión celta - Creencias, prácticas e instituciones. (s.f.). En Enciclopedia Británica.

Culture Northern Ireland. (s.f.). Dioses paganos irlandeses. Culture Northern Ireland. https://www.culturenorthernireland.org/features/heritage/irish-pagan-gods

Daimler, M. (2015). Paganismo irlandés: Reconstruyendo el politeísmo irlandés. Moon Books.

Creencias paganas irlandesas. (2018, 25 de septiembre). Lora O'Brien - Irish Author & Guide. https://loraobrien.ie/irish-pagan-beliefs

Joyce, P. W. (2018). La historia de la antigua civilización irlandesa. Outlook Verlag.

O'Reilly, L. J. (2020, 7 de mayo). Paganismo: el brillo contemporáneo de Irlanda. Trinity News. http://trinitynews.ie/2020/05/paganism-irelands-contemporary-shining-light

Pizza, M., & Lewis, J. (Eds.). (2008). Manual de Paganismo contemporáneo. Brill Academic. https://doi.org/10.1163/ej.9789004163737.i-650

Las serpientes siguen en Irlanda: Paganos, chamanes y druidas modernos en un mundo católico. (2013, 10 de mayo). The On Being Project. https://onbeing.org/blog/the-snakes-are-still-in-ireland-pagans-shamans-and-modern-Druids-in-a-catholic-world

Los principales dioses y diosas de la mitología celta. (2021, 30 de diciembre). IrishCentral.Com. https://www.irishcentral.com/roots/history/celtic-mythology-gods-goddesses

Cartwright, M. (2021). Druida. Enciclopedia de Historia Mundial. https://www.worldhistory.org/Druid

¿Quiénes eran los druidas? (2017, 21 de marzo). Historic UK. https://www.historic-uk.com/HistoryUK/HistoryofWales/Druids

Un día en la vida de un druida celta - Philip Freeman. (2019, 17 de septiembre). TED-Ed.

Crawford, C. (2020, 14 de julio). Una guía para principiantes sobre la Rueda del Año - The Self-Care Emporium. https://theselfcareemporium.com/blog/beginners-guide-wheel-of-the-year

El Grimorio Pagano. (2020, 18 de abril). La Rueda del Año: Los 8 sabbats wiccanos (2021 + 2022 fechas). The Pagan Grimoire. https://www.pagangrimoire.com/wheel-of-the-year

Barry, B. (2017, 12 de octubre). ¿Qué provocó nuestro miedo a las brujas - y qué lo mantuvo encendido tanto tiempo? Washington Post (Washington, D.C.: 1974). https://www.washingtonpost.com/entertainment/books/what-sparked-our-fear-of-witches--and-what-kept-it-burning-so-long

Bradley, C. (2020, 23 de diciembre). "Pagano" vs. "Wicca": ¿Cuál es la diferencia? Página web de Dictionary.com: https://www.dictionary.com/e/pagan-vs-wicca-pagan-vs-heathen

Lewis, I. M., & Russell, J. B. (2021). brujería. En Enciclopedia Británica.

SelFelin, Fields, K., John, Ben, Magia medieval: Alquimia, brujería y magia de la Edad Media, Jennifer, ... Morganwg, R. (2019, 17 de junio). Diosas y dioses galeses: Lista y descripciones + cómo honrarlas. Sitio web del Otherworldly Oracle:

https://otherworldlyoracle.com/welsh-goddesses-gods

Brujería - La caza de brujas. (s.f.). En Enciclopedia Británica.

Little, B. (2018, 10 de enero). Cómo las iglesias medievales utilizaron la caza de brujas para ganar más adeptos. Sitio web de HISTORY: https://www.history.com/news/how-medieval-churches-used-witch-hunts-to-gain-more-followers

Dios celta de la herrería y la hospitalidad, Goibniu. (s.f.). Worldanvil.Com. https://www.worldanvil.com/w/tyran-jackswiftshot/a/celtic-god-of-blacksmithing-and-hospitality-goibniu-article

Gill, N. S. (s.f.). Una lista de dioses y diosas celtas. ThoughtCo. https://www.thoughtco.com/celtic-gods-and-goddesses-117625

Heritage, E. (2017, 31 de octubre). Dioses y diosas legendarios irlandeses. Emerald Heritage. https://emerald-heritage.com/blog/2017/legendary-irish-gods-and-goddesses

Klimczak, N. (2021, 4 de junio). Aine: La radiante diosa celta del amor, el verano y la soberanía. Ancient-Origins.Net; Ancient Origins. https://www.ancient-origins.net/myths-legends/aine-radiant-celtic-goddess-007097

Mandal, D. (2018, 2 de julio). 15 antiguos dioses y diosas celtas que debe conocer. Realm of History. https://www.realmofhistory.com/2018/07/02/ancient-celtic-gods-goddesses-facts

Perkins, M. (s.f.). Mitología irlandesa: Historia y legado. ThoughtCo. http://thoughtco.com/irish-mythology-4768762

La llamada de Danu. (s.f.). The Call of Danu. https://thecallofdanu.wordpress.com

El dios celta Nuada. (s.f.). Thecottagemystic.Com. https://www.thecottagemystic.com/nuada.html

Whitecatgrove, V. A. P. (2010, 27 de julio). Invocaciones a Goibhniu y Manannan. White Cat Grove. https://whitecatgrove.wordpress.com/2010/07/27/invocations-to-goibhniu-and-manannan

Williams, A. (2020, 16 de agosto). Cu Chulainn. Mythopedia. https://mythopedia.com/topics/cu-chulainn

Dewey, P. (2020, 10 de abril). La historia del Mabinogion y su impacto en la literatura galesa y más allá. Sitio web de WalesOnline: https://www.walesonline.co.uk/whats-on/arts-culture-news/story-mabinogion-impact-welsh-literature-18040842

SelFelin, Fields, K., John, Ben, Magia medieval: Alquimia, brujería y magia de la Edad Media, Jennifer, ... Morganwg, R. (2019, 17 de junio). Diosas y dioses galeses: Lista y descripciones + cómo honrarlas. Sitio web del Otherworldly Oracle: https://otherworldlyoracle.com/welsh-goddesses-gods

Por qué la mitología sigue siendo importante hoy en día. (s.f.). Sitio web Parmaobserver.com:
http://www.parmaobserver.com/read/2013/02/01/why-mythology-is-still-important-today

20 tradiciones modernas con orígenes paganos. (2019, 5 de septiembre). TheEssentialBS.Com. https://theessentialbs.com/2019/09/05/20-modern-traditions-with-pagan-origins

John Halstead, C. (2015, 2 de octubre). No todos somos brujos: Una introducción al neopaganismo. HuffPost. https://www.huffpost.com/entry/were-not-all-witches-an-i_b_8228434

Wigington, P. (s.f.). La magia y el simbolismo de los animales. Aprenda las religiones. https://www.learnreligions.com/the-magic-of-animals-2562522

Un altar pagano irlandés - Lora O'Brien - Autora y guía irlandesa. (2018, 22 de octubre). Extraído del sitio web de Lora O'Brien - Sitio web Irish Author & Guide: https://loraobrien.ie/irish-pagan-altar

Configuración del altar de la wicca celta. (s.f.). Sitio web Deviantart.com: https://www.deviantart.com/morsoth/art/Celtic-Wicca-Altar-Setup-539056829?comment=1%3A539056829%3A3879380538

El movimiento de la diosa. (s.f.). https://www.bbc.co.uk/religion/religions/paganism/subdivisions/goddess.shtml

The Irish Times. (2000, 22 de enero). Por aquí viene algo wiccano. Irish Times. https://www.irishtimes.com/news/something-wiccan-this-way-comes-1.236955

McGarry, M. (2020, 30 de abril). Fuego, agua, luz y suerte: Las tradiciones de Beltane en Irlanda. Sitio web de RTÉ: https://www.rte.ie/brainstorm/2019/0429/1046282-fire-water-light-and-luck-Beltane-traditions-in-ireland

Gardner, P. (2016). Wicca: El libro de las sombras de Pan Gardner - Una guía espiritual de hechizos, rituales y tradiciones wiccanas. North Charleston, SC: Plataforma de publicación independiente CreateSpace.

Ingredientes clave para usar en los hechizos para traer a alguien de vuelta. (s.f.). Org. Sitio web del Reino Unido: https://rfs.org.uk/articles/key_ingredients_to_use_for_spells_to_bring_some one_back.html

Diseño de Claddagh. (2022, 19 de enero). Festivales celtas: ¿Qué es Beltane? Sitio web de Claddaghdesign.com: https://www.claddaghdesign.com/history/all-about-Beltane

Periodista del Guardian. (2000, 28 de octubre). La hora de las brujas. The Guardian. https://www.theguardian.com/theguardian/2000/oct/28/weekend7.weekend3

Creencias paganas irlandesas. (2018, 25 de septiembre). Lora O'Brien - Irish Author & Guide. https://loraobrien.ie/irish-pagan-beliefs

O'Reilly, L. J. (2020, 7 de mayo). Paganismo: El brillo contemporáneo de Irlanda. Trinity News. http://trinitynews.ie/2020/05/paganism-irelands-contemporary-shining-light

Morissette, A. (2015, 11 de octubre). Las 10 mejores herramientas de adivinación. Sitio web de Alanis Morissette: https://alanis.com/news/top-10-tools-of-divination

Wigington, P. (s.f.). 14 herramientas mágicas para la práctica pagana. Sitio web de Learn Religions: https://www.learnreligions.com/magical-tools-for-pagan-practice-4064607